마리아의 아들

역사적 예수의 생애 재구성

마리아의 아들

역사적 예수의 생애 재구성

진규선 지음

Son of Mary: Reconstructing the Biography of the Historical Jesus

"이 사람은 마리아의 아들 목수가 아닌가?" …

그러면서 그들은 예수를 달갑지 않게 여겼다.

마가복음 6장 3절

역사적 예수를 묵상한다는 것

저술 목적

기독교의 기원은 바로 예수입니다. 기독교인은 예수를 믿는 사람입니다. 하지만 우리가 예수에 대해서 정말로 알고 있는 것은 얼마나 있을까요? 대다수 기독교인은 사도신경을 통해서 예수를 고백하지만, 안타깝게도 사도신경만을 읽으면 예수가 어떤 사람인지 제대로 알 수 없습니다. 사도신경의 예수는 태어났고, 죽었고, 살아났고, 승천했으며, 다시 세계의 심판자로 올 뿐입니다. 사도신경은 그가 어떤 삶을 살았고 무엇을 말했는지에는 관심이 없습니다. 그렇다면 사도신경에 기록되기 이전의 실제 예수는 어떤 사람이었을까요? 저는 기독교인들이 그 예수를 알아야 한다고 생각합니다. 실제 예수가 어떻게 사도신경의 예수가 되었는지를 알아야 비로소 사도신경의 예수를 제대로 이해할 수 있기 때문입니다.

다행히 우리에게는 예수에 대해 기록한 책, 복음서가 있습니다. 그것도 추리고 추린 네 권이나 말입니다(사실 우리에게 알려진 사복음서 외에도 많은 복음서가 존재합니다). 그러나 아쉽게도 우리가 읽는 복음서는 역사 기록이 아닙니다. 복음서는 예수가 세상을 떠난 지 한참 뒤에, 여러 신앙 공동체에 속한 사람들이 저마다의 삶의 자리(Sitz im Leben)에서 종교적 감수성과 문학적 기교를 최대한 발휘하여 쓴 드라마입니다.

물론 네 권의 복음서를 기록한 사람들은 실제의 예수에 대한 자료를 어느 정도 가지고 있었습니다. 예수의 가족이나 제자들이 들려준 내용(전승)이 있었고, 또 그것들 중 예수의 말을 따로 모아둔 문서인 'Q 자료'*가 있었던 것으로 추정됩니다.

이 사실을 눈치채고 복음서의 저자들처럼, 아니 그들

---

* 'Q 자료'라는 명칭은 '자료'라는 뜻의 독일어 '크벨레'(Quelle)의 첫 글자를 따서 붙여졌습니다.

보다 더 가까이에서 예수를 보고 그의 가르침을 들은 제자들처럼 실제 예수에게로 다가가고 싶어 했던 이들이 있었습니다. 그들은 실제 예수에게로 다가가기 위한 학문적 기술을 개발하여 수백 년 동안 발전시켰습니다. 그 기술이 바로 '역사비평'(Historical Criticism)입니다. 이러한 방법으로 실제 예수에게 다가가려고 노력한 사람들의 활동을 '역사적 예수 탐구'(Historical Jesus Research)라고 합니다. 역사비평은 약 200년 전에 시작되었고 현대 학문으로서는 약 100년의 역사를 가진 방법이며, 비교적 짧은 역사를 가졌지만 성서에 대해 정말 많은 것을 알게 해준 기술입니다.

많은 기독교인은 이런 방법을 통해 발견된 역사 속의 예수에 대해 잘 모르고, 실제 예수로부터 얼마나 '다양한 예수'가 나왔는지도 잘 알지 못합니다. 실제 예수와 사도신경의 예수 사이에는 최소한 네 가지 예수가 있습니다.

- 실제의 역사적 예수
- 초기 기독교가 선포한, 부활한 예수
- 복음서의 주인공 예수
- 사도신경 속의 교리적 예수

지금까지 교회는 이러한 '예수들'을 구별하지 못하고 이들을 뒤섞어 하나의 동일한 예수라고 믿어왔습니다. 하지만 이 모든 예수는 다릅니다. 이 다양한 예수상들을 발전 순서에 따라 나열해볼 수 있습니다. 실제 예수를 본 제자들 이후 초기 기독교의 부활한 예수 이야기가 등장했고, 뒤이어 '복음서의 주인공 예수'가 기록되었고, 이로부터 '사도신경 속의 교리적 예수'가 선포된 것이지요. 물론 다양한 예수상은 여기에서 멈추지 않고 지금도 만들어지고 있습니다. 그림 속 혹은 조각된 예수, 노랫말 속의 예수, 심지어 개인적으로 체험한 예수 등 말입니다.

이렇게 다양한 예수가 존재하는 상황에서 역사적 예수 탐구는 어떤 사람들이 비난하듯 탐구자가 '제멋대로' 예수를 만들어내는 일이 아니라, 오히려 더욱 넓고 다양한 예수를 위한 기초를 쌓으려 최대한 본래의 예수에게로 되돌아가려는 노력입니다. 그러나 예수가 역사 속에서 어떻게 기억되고 재현되었는지를 빠짐없이 고찰하는 교리사적·신학사적 작업은 이 책의 목적과 범위를 넘어서는 것입니다. 대신 이 책은 역사적 예수를 '묵상'할 수 있도록 기획되었습니다.

이 책은 사순절 40일 기간 동안 "역사적 예수 묵상"이라는 제목으로 블로그에 연재한 글에서 출발했습니다.

'묵상'을 뜻하는 그리스어 '테오리아'(theoria)는 '바라보다'라는 의미입니다. 그러니 역사적 예수를 묵상한다는 것은 역사적 예수를 바라본다는 것을 의미합니다. 그런 의미에서 저는 독자들이 지금껏 보지 못한, 혹은 보려고 하지 않았던 역사적 예수를 '바라볼 수 있도록' 돕기 위해 이 책을 썼습니다. 그래서 저는 역사비평의 방법론에 근거하여, 복음서 저자들이 저마다의 방식으로 수정하고 색을 입히기 이전의 예수에 대한 스케치를 제공하는 데 집중했습니다.

이 스케치를 마주한 독자들은 제자들이나 복음서 저자들과는 다른 방식으로, 역사적 예수라는 스케치 위에 색을 입히는 새로운 신앙의 순간을 마주하게 될 것입니다. 특히 예수의 '부활'이라는 주제에서 가장 그러할 것입니다. 최초의 제자들의 부활 신앙과 복음서의 부활절 이야기를 지나, 나의 부활 신앙과 부활의 의미를 발견해야 하는 가장 심오한 신앙의 지성소로 여러분을 초대합니다.

저술 방식

이 책에서 재구성한 역사적 예수는 '역사적으로 추측해 본' 예수입니다. '실제' 예수의 모습을 완전히 아는 것은 불가능할 것입니다. 그래서 사람들은 실제 예수를 다양하게 추측합니다. 어쩌면 어떤 학자들의 주장처럼 예수는 실존 인물이 아니라 신화적 인물일지도 모릅니다. 아니면 요한복음의 신학처럼 예수가 정말로 '선재(先在)한 로고스'일 수도 있습니다. 예수는 견유학파(Cynics) 철학자일 수도 있고, 오늘날의 표현대로라면 아나키스트이거나 페미니스트일 수도 있을 것입니다.

이처럼 '역사적 관점'은 절대적 중립성을 의미하는 것이 전혀 아닙니다. 사람들은 저마다의 '역사관'을 가지고 있고, 역사적 재구성에는 개인의 취향이 반영될 수밖에 없습니다. 저는 신학을 공부한 목사로서 예수를 통해 하나님이 재현되었다고 믿습니다. 이러한 믿음은 초기 기독교 공동체가 처음으로 예수를 기억한 방식과 같은 것이기도 합니다. 그러나 이와 동시에 저는 현대인으로서, 실제 예수를 재구성할 때 몇 가지 원칙을 세웠습니다.

첫째, 이미 역사적 예수 학계에서 합의*가 이루어진 최소한의 예수상을 무너뜨리지 않으려고 노력했습니다.

---

* 한스 큉, 『한스 큉의 유대교』(시와 진실), 457-460 참고. 또한 역사적 예수를 완벽하게 재구성하려는 시도를 부정적으로 보는 데일 앨리슨도 이러한 학계의 합의를 인정합니다. 다음의 진술을 참고할 만합니다. "대다수 학자는 예수가 1세기 팔레스타인 지역에서 살았던 유대인이고, 마리아와 요셉이라는 이름의 부모를 가졌으며, 비유로 가르쳤고, 하느님의 통치에 대해 말했고, 예루살렘에서 십자가 처형을 당했다고 말한다." 데일 C. 앨리슨, 『역사적 그리스도와 신학적 예수』(비아), 34-35.

그것은 다음과 같습니다. '예수는 1세기 갈릴리 나사렛에서 태어난 유대인 남성이며, 그는 당대의 유대 묵시적 신앙의 틀에서 임박한 하나님 나라를 선포하였고, 주변의 제자들을 불러서 무리를 형성했으며, 유월절 명절을 지키러 예루살렘에 올라가 유대교 지도자들의 미움을 샀고, 본디오 빌라도에 의해 십자가 처형을 언도받았다.'

둘째, 역사비평의 명확한 기준을 적용했습니다. 특히 '당혹성의 기준'과 '비유사성의 기준', 그리고 '예수의 유대성'을 위배하지 않으려고 노력했습니다. (1) '당혹성의 기준'이란 예수 운동에 도움이 되지 않는 당혹스러운 내용의 기록일수록 역사적으로 신뢰할 만하다는 기준입니다. 예를 들어 예수가 보잘것없는 시골 마을 나사렛 출신이라는 기록(마태 2:23), 죄가 없어야 할 예수가 세례 요한에게 '죄 용서'의 세례를 받았다는 기록(마가 1:9), 가족들에게서 미친 사람 취급을 받았다는 기록(마가 3:21), 예수가 기적을 행할 수 없었다는 기록(마가 6:5), 최측근 제자들에게 버림받고 배신을 당했다는 기록(마가 14:50) 등은 예수를 신격화하는 데 아무런 도움이 되지 않습니다. 그렇기에 이렇게 당혹스러운 이야기들은 실제 역사에 가까운 기록일 것입니다. (2) '비유사성의 기준'이란, 전통 유대교나 기독교 공동체에 낯선 내용일수록 역사적으로 신뢰할 만하다는 기준입니다. 예를 들어 이 기준을 통해 예수가 '묵시적 종말론자'였다는 역사적 예수 탐구의 일반적 합의가 도출됩니다. 그는 비유를 통해 임박한 하나님 나라를 선포했지, 자기 자신에 대한 교리를 선포하지는 않았을 것입니다. 주의할 점은 비유사성의 기준은 '이것은 예수에게 어울리지 않는다'라는 판단을 위한 소극적 기준으로 쓰이지, '이것이 예수에게 어울린다'라는 식으로 판단하는 적극적 기준이 아닙니다. (3) '예수의 유대성'은 갈릴리 출신인 예수는 유대 문화와 율법에 대해 디아스포라 유대인이나 이방인들만큼 급진적인 태도를 보이지는 않았을 것이라는 점을 말하는 용어입니다.

셋째, 일반 역사학과 소통할 수 있도록 고고학 연구에 기반하여 개연성을 최대한 추구했습니다. 예를 들어 어떤 학자들은 예수가 그리스 문화에 익숙했을 것이라고 주장하며 그 근거로 나사렛 근처 세포리스에서 발견된 그리스 유물을 언급하는 경우가 있습니다. 그러나 현존하는 고고학적 근거는 예수가 그리스 문화에 익숙했을 것이라는 주장을 지지하지 않으며, 복음서에 세포리스가 전혀 언급되지 않기에 저는 그 주장을 배제했습니다. 또한 윌리엄 오컴의 '절약의 원리'와 현대 과학의 세계 판단을 엄격하게 지켰습니다. 복음서의 이야기들 중 자연법칙에 위배되는 모든 것을 문자적 사실이 아닌 신학적·문학적·은유적 표현으로 보고, 실제 사건은 어떤 모습이었을지 재구성하려고 노력했습니다.

넷째, 신학계의 합의에 따라 마가복음을 기본 자료로 삼았습니다. 공관복음(마가복음, 마태복음, 누가복음)의 저작 연대와 순서, 관계를 밝히는 것은 복잡한 문제이지만, 여러 가설 중 '마가복음 우선설'을 뒤집을 만한 설득력 있는 논증은 아직 없습니다. 그 학설에 따르면 마가복음이 가장 먼저 쓰였고, 마태복음과 누가복음이 뒤이어 쓰였기에, 현존하는 자료 중 가장 원래의 예수에 가까이 다가갈 수 있게 해주는 것은 마가복음일 것입니다. 이 외에 마가복음에는 없는 내용을 마태복음과 누가복음이 공유한다는 점을 설명하기 위해 제안된 'Q 자료', 요한복음, 도마복음, 또한 1세기의 유대인 역사가 요세푸스의 글 등도 참고했습니다.

다섯째, 역사적 예수를 묵상할 수 있도록 상상력을 더하여 이야기식 전기로 재구성했습니다. 단순한 연대기적 나열이나 어록을 제시하는 것으로는 고대 인물의 인격과 생애를 생생하게 표현할 수 없습니다. 더욱이 예수의 경우, 종교 문서 외에 다른 중립적인 1차 자료가 없기에 다른 인물보다 더욱 그 생애를 생생히 전달하기가 어렵습니다. 그러나 다행히 공관복음(특히 마가복음)은 당시의 문학 양식인 '그리스-로마 전기'의 요소를 갖추고 있습니다. 따라서 이 책에서는 최대한 역사 연구의 원칙을 지키면서도, 이러한 복음서의 이야기를 보존하는 방식을 채택했습니다. 무엇보다 이러한 방식은 기독교나 예수를 전혀 모르는 사람들에게도 예수가 어떤 인물인지 잘 알려줄 수 있을 것입니다.

각 글은 크게 세 부분으로 구성됩니다. 첫째, 복음서에 기록된 이야기를 소개하고, 둘째, 그것을 문학적·신학적으로 해석하고, 셋째, 그 이면에 놓인 본래의 사실을 역사적으로 재구성했습니다. 각 글의 앞부분에는 복음서의 이야기를 한눈에 이해할 수 있도록 관련된 기독교 미술 작품을 선별하여 수록했습니다.

차례

제2부 | 공생애의 전반부: 갈릴리의 예수

예수 시대의 팔레스타인

※ 지도에 표시된 도시(마을)은 모두 이 책에 언급된 장소입니다.

예수를 낳은 땅, 갈릴리에 관하여

예수의 고향은 나사렛입니다. 나사렛은 갈릴리 지역에 위치한 작은 동네입니다. 이곳은 갈릴리 호수에서 서쪽으로 약 25km 거리에 있고, 지중해에서는 동쪽으로 약 30km 떨어져 있습니다. 비교적 온화한 지중해성 기후를 띠고 있습니다.

역사적으로 갈릴리는 여러 제국의 지배를 받았습니다. 그래서 기원전 8세기경 예언자 이사야의 글에는 '이방의 갈릴리'라는 표현이 등장하기도 합니다(이사야 9:1). 이때 갈릴리는 북이스라엘의 영토, 그중에서도 수도 사마리아와는 꽤 떨어진 변방에 있었습니다. 이스라엘을 침략한 앗시리아 제국은 갈릴리에 살던 이스라엘 사람들을 포로로 데려갔고, 그때부터 갈릴리에는 여러 부족과 종족들, 즉 '이방인'들이 거주하게 되었습니다.

기원전 2세기, 유대인들의 땅은 그리스 제국으로부터 분열된 셀레우코스 제국의 왕 안티오코스 4세(안티오코스 에피파네스)에게 지배를 받고 있었습니다. 그는 자신이 지배한 지역을 그리스화하려는 의도를 갖고 있었습니다. 그는 그리스 문화를 지나치게 강요했고, 이에 반발하여 유대인들의 저항 독립 운동인 소위 '마카비 혁명'이 일어났습니다. 이 혁명을 주도한 하스몬 가문은 실제로 독립을 이루었고, 남유다와 북이스라엘을 합한 크기의, 솔로몬 왕 때와 맞먹는 영토를 되찾았습니다. 갈릴리 역시 이렇게 되찾은 영토의 일부였습니다(그러나 처음부터 갈릴리는 안티오코스 에피파네스의 관심사로부터 먼 곳이었고 비교적 유대인의 정체성 위기를 크게 겪지 않았습니다).

이때 하스몬 가문의 몇몇 야심 많은 인물, 그중에서도 특히 요한 힐카누스는 주변 지역 곳곳에 유대 문화를 퍼트리길 원했습니다. 알렉산더 대왕이 그리스 문화를 퍼트려 헬레니즘 시대를 열었듯이 말입니다. 요한 힐카누스의 아들 아리스토불루스 1세가 갈릴리를 차지하자, 그는 이방인들이 많던 이 지역을 완전히 유대화하려고 했습니다. 그때 많은 유대인이 갈릴리로 이주해 정착했고, 거주하던 많은 이방인은 그곳을 떠나거나, (할례를 받는 등) 유대교로 개종을 해야만 남을 수 있었습니다.

기원전 63년, 로마의 장군 폼페이우스가 하스몬 왕가의 땅을 공격했고, 갈릴리는 로마 제국에 속하게 되었습니다. 로마는 정치적 야심가였던 이두매 사람 안티파트로스에게 이 지역을 포함한 유대 지역을 다스리도록 예외적인 허가를 내주었고, 안티파트로스는 그 영토 중 갈릴리를 그의 아들 중 하나인 '헤롯'에게 맡깁니다. 이 헤롯은 나중에 아버지 안티파트로스를 이어 '헤롯 대왕'이 되었고, 헤롯 대왕의 아들 헤롯 안티파스가 갈릴리를 다스립니다(기원전 4년부터 기원후 39년에 사망할 때까지). 예수가 본격적으로 활동하던 때의 갈릴리의 직접적인 통치자는 바로 이 헤롯 안티파스였습니다.

헤롯 대왕과 헤롯 안티파스는 유대 지역에 온갖 건축 사업을 벌인 것으로 유명합니다. 예를 들어, 헤롯 대왕은 예수 시대의 예루살렘 성전을 직접 재건해주었습니다. 헤롯의 (기존의 스룹바벨 성전을 무너뜨리지 않은) 성전 확장 건축은 엄청난 대규모의 사업이었으며, 기원전 20-10년에 시작되어 기원후 63년에야 완공되었습니다(예수가 본 성전은 건축 중인 성전이었을 것입니다). 헤롯 부자는 황제와 로마인들의 환심을 사려고 여러 신전을 짓거나 그리스·로마의 도시에나 어울릴 건축물(극장, 체육관, 목욕탕 등)을 만들곤 했지만, 갈릴리에는 그런 것을 전혀 만들지 않았습니다. '헬레니즘 도시화 건축 사업'은 적어도 갈릴리에서는 시행되지 않았습니다. 갈릴리에서 진행된 유일한 건축 사업으로 나사렛 근처 세포리스의 왕궁과 무기고 정도가 있긴 하지만, 헤롯은 유대인들이 사는 지역에 이교 신전이나 체육관을 최대한 짓지 않으려 했습니다. 아마도 강경한 갈릴리 유대인들의 반발을 우려했기 때문일 것입니다.

어떤 학자들은 '이방의 갈릴리'라는 표현이나 갈릴리 지역에서 발굴된 그리스어 유물(주로 비문이나 동전 등)을 보고, 갈릴리가 실제로는 유대인의 지역이 아니라 유대인과 이방인이 섞여 사는 다문화 지역이었을 것이라고 봅니다. 하지만 갈릴리가 다문화 지역이 된 것은 1세기가 아니라 예수가 죽은 뒤인 2세기 이후의 모습입니다. 예수를 낳은 땅인 1세기의 갈릴리는 유대적인, 너무도 유대적인 곳이었습니다.

마크 챈시(Mark. A. Chancey)는 『이방의 갈릴리라는 신화』(*The Myth of a Gentile Galilee*)라는 책에서 고고학적 연구에 근거하여 1세기 갈릴리에 대해 이렇게 말합니다.

따라서 갈릴리의 인구에 수많은 이방인들이 포함되어 있을 것이라는 생각은 해당 지역의 역사에 비추어볼 때 지지받지 못한다. 1세기 일부 이방인들이 그곳에 거주했다. 그러나 그들의 수는 많지 않은 것 같다. 때로 로마인이나 그리스인이 갈릴리에 살기로 선택했을지 모르지만, 그런 사람들은 극히 드물었다. 요세푸스가 그리스 인구가 있다고 명시적으로 언급한 유일한 곳은 티베리아스이며, 이 집단은 혁명 초기에 전멸했다. 심지어 그 경우라 할지라도 요세푸스가 지칭하는 것이 인종적인 그리스인지, 아니면 이방인 일반을 포괄적으로 말하는 것인지는 불확실하다. 대부분의 경우 이방인은 1세기 갈릴리에 관한 역사 기록에 거의 확인되지도, 눈에 띄지도 않는다.[*]

그렇다면 구체적으로 예수 시대의 갈릴리는 어떤 분위기를 풍기고 있었을까요? 당시 갈릴리는 찬란한 로마 제국의 문명의 혜택으로부터 멀리 떨어진 곳이었습니다. 갈릴리는 심지어 헬레니즘 문화조차 거부한 지역이었습니다. 똑같이 유대인들이 사는 곳이었지만, 갈릴리 지역과 유대 지역은 뚜렷하게 구별되었습니다. 예를 들어 구약성서의 사사기 12장 1-7절에는 '십볼렛'과 '쉽볼렛'

---

[*] Chancey, Mark A., «The myth of a Gentile Galilee» (Cambridge University Press, 2002), 62.

의 발음으로 에브라임 사람과 길르앗 사람을 구별하는 에피소드가 나옵니다. 이와 마찬가지로 유대 지역 사람들이 볼 때 갈릴리 사람들의 억양이나 발음은 자신들의 말과는 달랐습니다. 마태복음의 예수 수난 이야기에도 갈릴리 사람들의 말투가 달랐음을 보여주는 일화가 등장합니다. 예루살렘 대제사장의 어느 여종이 체포된 예수를 슬그머니 뒤따라온 베드로를 향해 '예수와 같은 무리'라고 하며 "네 말소리가 너를 표명한다"고 지적하는 장면입니다(마태 26:73). 또한 당시 갈릴리 사람들은 극히 일부를 제외하고는 일상어로 '아람어'를 사용했을 것입니다. 이미 고대 이스라엘의 언어이자 성스러운 언어인 히브리어를 읽고 쓸 줄 아는 사람은 극히 드물었고, 지중해 세계의 공용어였으며 종종 특수한 기록물인 '비문'에 쓰이기도 한 그리스어 역시 당시 대다수의 갈릴리 사람들은 말하고 읽을 줄 몰랐습니다.

갈릴리 지역에서 헬레니즘 도시화의 영향을 받은 곳은 티베리아스와 세포리스뿐이었습니다. 예수가 태어난 나사렛과, 그가 활동한 갈릴리 호수 근처 가버나움 및 그 주변 지역은 그 영향을 받지 않은 작은 마을이었습니다. 리처드 호슬리(Richard A. Horsley)는 이렇게 지적합니다.

나사렛은 세포리스에서 불과 3-4마일 떨어져 있지만, 가까운 촌락 야파(Japha)를 통과했던 주요 도로에서 벗어나 있다. 중심에서 벗어나 있는 위치와 작은 규모로 판단하건대, 나사렛은 그다지 중요하지 않은 촌락이었고 확실히 더 컸던 야파의 그늘에 가려 있었을 것이다.[*]

한편 사막이 많았던 유대 지역과 달리 갈릴리 지역은 농사를 지을 수 있는 땅을 갖고 있었습니다(그러나 예수가 활동한 가버나움 등은 갈릴리 호수를 근처에 둔 몇 안 되는 '어업 경제 마을'이었습니다). 비옥한 토지가 있었지만 갈릴리 지역의 농부 대다수는 가난한 소작농이었습니다. 이런 사회적 배경 때문에 갈릴리 지역은 '정치적 봉기'를 주장하는 소위 '열심당'(젤롯파)의 본거지이기도 했습니다.

젤롯당은 갈릴리의 피압박 민중인 '암 하아레츠'를 규합하여 로마의 식민지 지배에 항거하여 봉기를 일으켰다. 그들은 오로지 야훼의 통치만을 주장하였고 이스라엘을 다스리는 분은 로마 황제가 아니라 하나님 한 분임을 선언하였다. … 예수의 시대에도 '갈릴리 사람' 하면 무조건 젤롯당원으로 오해를 받

[*] 리처드 호슬리, 『갈릴리: 예수와 랍비들의 사회적 맥락』(이화여자대학교 출판부), 173-174.

거나 불순분자로 몰렸음을 알 수 있다.[*]

예수 시대의 갈릴리는 헬레니즘 문화와 다소 거리가
있고 분명히 유대적인 지역이었습니다. 하지만 예루살렘
유대인들이 볼 때는 사마리아보다 멀리, 저 북쪽에서 의
식도 율법도 배우지 못하고, 소작농이나 어부로 살거나
사회적으로 무시당하는 일에나 종사(세리나 창녀)하는 '이
등 유대인들'(second-class Jews)이 모인 곳이었습니다.

---

[*]   김명수, 『역사적 예수와 Q복음서』(대한기독교서회), 78.

공생애 이전 예수

레오나르도 다빈치, 〈수태고지〉(1472-1476)

수태고지의 진정한 의미는

예수가 율법에 위배되는 불법의 아이,

히브리어로 하면 '맘제르'라는 것입니다.

1장

예수의 탄생

마태 1:1-2:23; 누가 2:1-40

예수는 언제 태어났을까

사람들은 12월 25일 크리스마스를 예수의 생일로 알고 있지만, 사실 우리는 예수가 태어난 날짜에 대해 전혀 아는 바가 없습니다. 심지어 예수가 태어난 계절도, 예수가 태어난 연도조차 확실히 알지 못합니다. 예수의 탄생이 기원전과 기원후를 나누는 기준으로 알려져 있지만 이는 중세 시대에 잘못 계산된 연도에 기반한 것입니다.

마태복음과 마가복음은 예수의 탄생에 관한 이야기를 들려주지만, 두 복음서는 서로 다른 이야기를 전하고 있습니다. 마태복음의 내용을 따르면 예수는 기원전 4년 경에 태어났을 것이고(헤롯 대왕이 사망한 연도. 마태 2:19 참고), 누가복음의 내용을 따르면 예수의 탄생은 기원후 6년 경(퀴리니우스가 시리아 총독으로 부임한 연도. 누가 2:2 참고) 일 것입니다.

두 가지 탄생 이야기

두 복음서는 예수가 태어난 장소와 주변 사건 또한 다르게 묘사합니다. 마태복음에 의하면 예수는 유대 지역의 베들레헴에서 태어났습니다. 예수가 탄생하기 전, 별이 신비로운 움직임을 보여 그것을 보고 동방의 박사들은 베들레헴이 아니라 수도 예루살렘으로 찾아갑니다(같은 유대 지역에 속한 베들레헴과 예루살렘은 서로 가까웠습니다. 20쪽 지도 참고). 그들은 예루살렘 성에서 헤롯 대왕을 만납니다. 헤롯의 신하들로부터 유대인의 왕이 베들레헴에서 태어난다는 이야기를 듣고 떠납니다. 그들을 인도하던 별은 어느 한 집에 멈추고, 그들은 갓 태어난 아기 예수에게 경배하며 황금, 유향, 몰약을 선물합니다. 그 무렵 헤롯 대왕은 2살 이하의 영아들을 모두 죽이라고 지시했지만 천사들이 이를 예수의 부모와 동방 박사들에게 알려주었습니다. 그래서 그들은 헤롯의 칼을 피할 수 있었습니다.

누가복음은 마태복음과 전혀 다른 탄생 이야기를 들려줍니다. 로마에서 파견되어 시리아 지역을 다스리던 총독 퀴리니우스가 인구 조사를 실시했고, 모든 백성들은 자기 고향으로 가서 조사에 응해야 했습니다. 그때 예수의 부모는 갈릴리 지역의 '나사렛'이라는 마을에 있다가 고향인 베들레헴으로 갔습니다. 하필 출산할 때가 다가와, 마리아는 여관 구석에서 아기 예수를 낳고 가축의 먹이통에 그 아기를 둡니다. 양을 치는 목자들이 천사들에게 이 소식을 듣고 아기 예수를 찾아와 경배합니다.

이러한 마태복음과 누가복음의 예수 탄생 전설은 예수에 대한 신격화이며, 각 복음서 저자가 꿈꾸는 세계의 이상적인 모습을 반영한 문학적 연출이라고 할 수 있습니다. 마태복음에서 헤롯이 아기들을 살해하라고 지시하는 장면 역시 마찬가지입니다. 이 장면은 구약성서의 출애굽기에 나타나는 유대교의 핵심 인물 '모세'의 어린 시절 전설을 가져와 만든 이야기입니다. 실제로 헤롯은 자기 자리가 위협받는 것을 우려하여 강박증으로 자기 아들 몇을 죽였는데, 이 이야기에는 그러한 사실이 반영되어 있습니다. 누가복음에 기록된 인구조사 역시 역사적 사실이 아닐 가능성이 높습니다. 당시 로마 황제 아우구스투스(옥타비아누스)는 인구 조사를 실시한 적이 없으며, 일반적으로 로마의 인구 조사는 고향으로 돌아갈 것을 요구하지 않았습니다. 이 이야기 역시 일종의 '드라마'입니다.

두 복음서의 탄생 이야기가 역사적 기록이 아니라면 결국 우리는 예수의 출생일을 영원히 알아낼 수 없습니다. 예수는 자신의 탄생에 대해서 제자들에게 말해주지 않았고, 또한 예수 외에 그의 탄생 이야기를 들려줄 수 있는 유일한 사람들인 그의 부모 역시 다른 이들에게 예수의 출생에 관해 말해주지 않았습니다. 왜일까요?

수태고지의 의미

우리는 그 이유에 대해서 생각해볼 수 있습니다. 흥미롭게도 두 이야기에서 겹치는 부분은 바로 '수태고지' 장면입니다. 수태고지란 천사가 나타나 위대한 존재가 탄생할 것을 알리는 유대교의 전통적인 이야기입니다(이삭, 삼손, 사무엘 등의 탄생 이야기에도 수태고지가 있습니다).

사람처럼 행동하고 말하며 각자의 이름을 가진, 그런 인격적인 천사를 믿는 신앙은 페르시아-그리스 시대에 본격적으로 생겨났고, 다니엘서나 외경 토비트서에 자연스럽게 등장합니다. 다니엘서는 '가브리엘'과 '미카엘'이라는 천사의 이름을 들려주고, 토비트서는 구체적으로 '일곱 천사'를 언급하며, '라파엘'이라는 새로운 천사의 이름을 들려줍니다. 그러나 이러한 '천사'는 실제로 존재하지 않습니다. 천사의 등장은, 비범한 출생 이야기를 통해 태어난 아이가 신성한 사명을 감당하게 되거나 특별한 존재가 될 것임을 보여주기 위한 문학적 기법입니다. 헬레니즘 문화에서 이러한 신성한 탄생은 알렉산더 대왕이나 로마의 건국자 로물루스·레무스 형제처럼 위대한 영웅 서사에도 빠지지 않는 소재입니다.

하지만 마태복음은 수태고지가 '발명되어야만 했던 이야기'라는 것을 암시합니다. 예수의 아버지 요셉은 약혼자 마리아가 결혼 전에 임신했다는 것을 '불법'으로 인식합니다(마태 1:19). 수태고지의 진정한 의미는 예수가 율법에 위배되는 불법의 아이, 히브리어로 하면 '맘제르'라는 것입니다. 맘제르는 '사생아'를 뜻할 수도 있지만, 혼전 성관계를 가졌거나 이방 민족과 성관계를 가져 태어난 '율법에 어울리지 않는 아이'를 포괄적으로 가리키는 단어입니다. 어떤 상황으로 그렇게 되었는지는 알 수 없지만 예수는 맘제르였습니다.

두 탄생 이야기의 또 다른 공통점은 예수가 '나사렛' 출신이라는 것입니다. 예수의 탄생 설화가 아무리 화려하게 각색되었을지라도, 그는 갈릴리 지역의 잘 알려지지 않은 작은 동네 '나사렛' 출신이었습니다. 예수의 탄생 장소가 베들레헴으로 설정된 것은 유대인의 왕이 베들레헴에서 태어난다는 예언이 이루어진 것처럼 하려는 의도도 있지만, 예수가 시골 동네 나사렛에서 자랐다는 것을 감추기 위한 의도도 있습니다. 누가복음은 그렇게 예수의 출신을 감추려 했지만, 출생 8일 만에 예수가 할례를 받는 장면(누가 2:22-24)에서는 그의 가족이 비둘기로 제사를 지내야 하는 '가난한 부부'라는 것이 밝혀집니다(레위기 12:8 참고).

우리는 예수가 언제 태어났는지 알 수 없지만, 그가 나사렛이라는 이름 없는 작은 동네에서 가난한 부부의 아들로, 특히 (어떤 이유인지는 모르지만) '맘제르'로 태어났다는 것은 알 수 있습니다.

> "요셉이 일어나 아기와 그의 어머니를 데리고 … 나사렛이란 동네에 가서 사니 …"(마태 2:21-23)

존 에버렛 밀레이, 〈부모 집에 있는 그리스도〉(1849-50)

예수는 그리스어를 배우지 못한 다른 사람들처럼

육체 노동으로 생계를 이어갔을 것입니다.

2장

예수의 가족(I)

마가 3:21, 31-35, 6:1-3

예수의 형제자매

예수의 가족에 대해서 명확하게 알 수 있는 자료는 바로 마가복음입니다. 마가복음에는 예수의 어머니와 남매들에 대한 정보가 등장합니다. 마태복음과 누가복음은 예수에게 '요셉'이라는 아버지가 있었다는 사실을 전해주지만, 이상하게도 마가복음은 예수의 탄생 이야기도 들려주지 않고, 예수의 아버지에 대한 정보도 주지 않습니다.

마가복음을 보면 예수의 고향 사람들이 예수의 가족 구성원에 대해 말하는 장면이 나옵니다(마가 6:3). 예수의 어머니는 '마리아'이고, 예수의 형제들의 이름은 '야고보', '요셉', '유다', '시몬'입니다. 여동생들의 이름은 없지만 복수형으로 표기된 것을 보아 둘 이상임을 알 수 있습니다. 즉 예수는 최소 7남매 중 맏이였습니다.

이 7남매의 가정에서 예수의 신성은 전혀 드러나지 않았습니다. 마가복음을 보면 예수의 가족들은 그가 '미쳤다'(마가 3:21)며 그의 공생애 활동을 부끄럽게 여기고 있었습니다(예수의 가족들이 예수의 부활을 선포하며 소위 '예수 운동'에 참여한 것은 예수의 죽음 이후입니다).

마리아가 처녀 상태로 예수를 낳았다는 이야기는 오로지 마태복음과 누가복음에만 있으며, 마가복음과 요한복음에는 그런 내용이 전혀 언급되지 않습니다. 로마가톨릭에는 마리아가 평생 처녀로 있다가 승천했다는 교리가 있는데, 이는 상당히 후대에 만들어진 것으로, 초기 기독교 공동체나 실제 역사적 마리아와는 아무런 관계가 없습니다.

마리아는 그저 평범한 어머니였습니다. 아니, 어찌 보면 훌륭한 어머니라거나 강한 어머니라고 말해야 할 것입니다. 유대 전통에 의하면 지금 아버지가 없는 사람이더라도 그 남자를 부를 때는 그 아버지의 이름을 따라 '아무개의 아들'이라고 부릅니다. 그런데 마가복음 6장 3절에서 예수는 어머니의 이름을 따라 '마리아의 아들'로 불립니다. 이는 '아비 없는 놈'이라는 욕설에 가깝습니다. 예수의 출생에 대한 기록이 지극히 신화적인 것 외에는 전혀 없다는 사실과, 그의 가족들이 언급될 때 아버지는 언급되지 않는다는 사실로 미루어 보아 마리아는 아마도 남편 없이 홀로 예수를 낳아 키운 것 같습니다. 요셉에게 이혼을 당했거나, 아니면 요셉을 일찍 사별했을 수도 있습니다. 그렇다면 예수의 형제자매 일부는 아버지가 다른 이복 남매들일 확률이 높습니다.

예수의 직업

예수는 흔히 '목수의 아들'로 알려져 있지만, 마가복음에 따르면 사실 예수는 스스로 직접 '목수'로 활동했습니다 (마가 6:3). 예수 시대 대다수 사람들은 문맹이었습니다. 갈릴리 지역에서 일부 그리스어 유물이 발견되긴 했지만, 그리스어 교육은 오로지 도시에서만 이루어졌으므로 예수는 그리스어를 배우지 못한 다른 사람들처럼 분명히 육체 노동으로 생계를 이어갔을 것입니다. 혹시 갈릴리에서 글을 배울 수 있었다 하더라도* 당시 민중이 사용하던 아

---

* 이 사실을 〈도마의 유아기 복음〉이라는 위경 문서를 통해 '유추'할 수 있습니다.

람어 교육과 유대교의 가장 중요한 경전인 토라(오경) 교육 정도에 그쳤을 것입니다.

어떤 가설에 의하면 '목수'를 뜻하는 그리스어 '테크톤'은 목수 이상의 다양한 의미를 가진다고 합니다. 이 단어는 '석공'을 가리킬 수도 있고, 글 교육을 받지 못한 소작농 등의 하위 계층을 가리키기도 합니다. 이런 관점에서 당시 갈릴리의 나사렛 근처 세포리스에서 건축 사업이 있었으니 예수는 그 현장에서 일하던 노동자가 아니었겠느냐는 주장이 있습니다만, 예수와 관련된 전승에는 세포리스가 전혀 언급되지 않습니다.

예수의 여러 비유는 농사와 관련이 깊습니다. 하지만 예수를 '농부'로 부른 기록이 없는 것으로 보아 그는 농부가 아니라 농기구를 만드는 사람이었을지도 모르겠습니다. 예수는 '멍에'를 메고 자신에게 배우라고 했는데(마태 11:29), 이 멍에가 바로 농기구입니다.

그렇다면 그는 농기구를 만들며 생계를 잇고, 아버지 없는 가정에서 여러 남동생과 여동생을 돌보고 홀어머니를 모시며 자랐을 것입니다.

"이 사람이 마리아의 아들 목수가 아니냐"(마가 6:3)

카푸친회 성경에 실린 예수의 족보 삽화(1180년경)

실제로 가난한 하층민 집안에서 태어난 예수에게

자세한 족보 기록이 남을 확률은 거의 없습니다.

예수는 배경도, 힘도, 이름도 없는 집안에서 태어났습니다.

3장

예수의 족보

마태 1:1-17; 누가 3:23-38

마태복음과 누가복음에는 예수의 족보가 기록되어 있습니다. 두 족보에는 공통점이 있습니다.

- 예수의 아버지는 '요셉'이다.
- 예수는 '아브라함'과 '다윗'의 자손이다.

그러나 당혹스럽게도 마태복음과 누가복음은 예수의 할아버지부터 각기 다른 족보를 제시합니다.

마태복음의 족보

마태복음의 족보는 예수를 '다윗의 후손', 즉 왕가의 혈통을 지닌 사람으로 만들기 위해 신학적으로 꾸며진 것입니다. 마태복음의 족보는 구약성서에 기록된 족보와도 일치하지 않습니다. 라합이 보아스의 어머니라는 기록(마태 1:5)은 구약성서에 없으며, 요람의 아들이 웃시야라고 기록하지만(마태 1:8) 사실 그 사이에는 3대가 있으며(아하시야, 요아스, 아마샤), 요시야는 여고냐를 낳은 것이 아니라(마태 1:11) 여고냐의 아버지 여호야김을 낳았습니다.

마태복음이 말하는 예수의 조상 '다윗'의 이름은 히브리 문자로 'דוד'(달렛, 바브, 달렛)으로 표기됩니다. 고대에는 숫자를 표기할 때도 히브리어 알파벳을 사용했는데, 'דוד'를 숫자로 환산하면 '4-6-4', 이를 합하면 '14'가 됩니다. 이를 생각하면 마태복음의 족보에서 거듭 강조하는 '열네 대'라는 숫자는 '다윗'을 상징한다는 점을 알 수 있습니다. 이는 예수가 다윗의 후손으로서, 보다 정확하게는 제2의 다윗으로 나타날 왕이라는 것을 신비적으로 나타내기 위한 문학적 기법이었습니다. 마태복음의 저자는 그 열네 대라는 수를 맞추기 위해 심지어 다윗을 족보에 중복으로 등장시키기까지 합니다.

어떤 사람들은 마태복음의 족보에 근거하여 예수가

'왕가의 혈통'이라고 주장합니다. 그러면서 예수의 인품은 왕가의 혈통과 왕가의 교육으로부터 나온 것이라고 말하지만, 이는 역사적 근거가 희박한 이야기입니다. 마태복음의 족보는 예수를 합법적 '왕'으로 여기게 하려는 신학적 의도를 갖고서 만들어졌다고 보는 것이 적절하겠습니다.

누가복음의 족보

누가복음의 저자는 마태복음을 읽었고, 마태복음의 족보 역시 알고 있었을 것입니다. 그럼에도 누가복음의 저자는 다른 족보를 기록했습니다. 누가복음의 족보는 마태복음의 족보보다는 훨씬 자연스럽습니다. 다윗과 예수 간의 시대적 간격을 생각할 때, 족보에 기록된 인물의 수도 자연스럽고(누가복음은 41명, 마태복음은 26명), 왕족이 아닌 누군지 알 수 없는 평범한 이름들이 나열되고 있습니다. 그러나 자세히 보면 같은 이름이 반복되고 있다는 것을 알 수 있습니다. '요셉', '레위', '유다', '맛닷', '맛다디아' 등은 두세 번씩 등장합니다. 게다가 흥미로운 점은 역으로 거슬러 올라가 결국에는 '하나님'에게까지 닿는 이 족보가, 당시 왕족·지배계층의 족보를 자신들의 신(주로 제우스 혹은 유피테르)에게로 거슬러 올라가게 한 것과 닮

앉다는 점입니다(예를 들면 로마 황제 갈바의 족보는 유피테르에게로 거슬러 올라갑니다). 누가복음의 족보는 마태복음과는 달리 다윗의 후손, 아니 더 나아가 하나님의 아들인 예수가 낮은 자로 오셨다는 점을 강조하기 위해 만든 것이라 할 수 있습니다.

실제로 가난한 하층민 집안에서 태어난 예수에게 이러한 자세한 족보 기록이 남을 확률은 거의 없습니다. 예수는 배경도, 힘도, 이름도 없는 집안에서 태어났습니다.

안드레아 델 베로키오, 〈그리스도의 세례〉(1475년경)

세례 요한은 요단강 근처에서

'임박한 하나님 나라'를 외치며 '세례'를 베풀기 시작했습니다.

그의 선포는 평범한 일상을 살던

예수의 가슴을 뛰게 만들었습니다.

4장

예수의 세례(I): 세례 요한

마가 1:1-8; 마태 3:1-12; 누가 3:1-9, 15-17; 요한 1:19-23

세례 요한은 누구인가

예수의 정신적·종교적 스승은 '세례 요한'입니다(누가복
음에 의하면 세례 요한의 부모에게도 천사의 '수태고지'가 일어
났습니다). 누가복음 1장 5절부터의 내용을 보면 세례 요
한은 헤롯 대왕이 통치하던 시절에 태어났습니다. 헤롯
대왕은 기원전 38년부터 다스리기 시작하여 기원전 4년
에 사망했습니다. 만약 예수의 탄생 시점을 기원후 6년으
로 가정한다면, 예수와 세례 요한의 나이는 최대 40세 넘
게 차이가 납니다. 이런 가정이 틀렸다고 해도 세례 요한

과 예수의 나이 차이는 꽤 컸을 것입니다.

세례 요한은 헤롯 대왕이 다스리던 시절 갈릴리 산골 마을(눅 1:39)의 제사장 집안에서 태어났습니다. 그러나 그는 여느 제사장 집안의 아들처럼 대를 이어 제사장이 되는 삶을 살지 않았습니다. 그가 왜 그런 길을 갔는지는 알 수 없습니다. 만약 시골의 나이 많은 제사장 부부에게서 태어났다면 그는 제대로 보호를 받기도 전에 가혹한 홀로서기를 해야 했을지도 모르겠습니다. 실제로 광야에 살던 쿰란* 공동체의 누군가가 그를 거두었을 가능성이 높습니다.

세례 요한은 광야에서 금욕적인 생활을 했습니다. 옷도 허름하게 입었고, 좋은 집에 살지도 않았고, 식사조차 엄격히 가려서 했습니다(아마 채식을 했을 것입니다). 누가복음 7장 33절에는 세례 요한이 포도주도 먹지 않고 심지

---

* '쿰란'은 예루살렘의 동쪽이자 사해 서쪽 연안과 맞붙어 있는 광야 지역입니다(20쪽 지도 참고). 1946년부터 이곳에서 '사해 문서'가 발견되기 시작하면서 이곳에서 살았던 '쿰란 공동체'에 대한 많은 사실이 알려졌습니다. 이들은 기원전 152년 마카비 가문의 지도자 요나단이 대제사장을 자처한 사건이 발생했을 때 예루살렘 공동체를 떠나 자체적인 유대교 집단을 이루었을 것으로 추정됩니다. 1세기 유대인 역사가 요세푸스가 언급하는 '에세네파'가 쿰란 공동체와 밀접한 관련이 있을 것입니다. John Joseph Collins, «Beyond the Qumran Community: The Sectarian Movement of the Dead Sea Scrolls»; Geza Vermes(ed.), «The Complete Dead Sea Scrolls in English» 참고.

어 '빵'조차 먹지 않은 사람으로 묘사되어 있습니다. 마가복음은 그가 '메뚜기'를 먹었다고 기록했지만, 이것은 실제 곤충 메뚜기를 말하는 것은 아닙니다. 메뚜기를 뜻하는 그리스어 '아크리스'는 꿀 과자를 뜻하는 '엥크리스'와 발음이 비슷합니다. 아마도 세례 요한은 금욕적인 이유로 꿀과 꿀 과자를 먹으며 채식 생활을 했을 것입니다.

세례 요한의 메시지

쿰란 공동체는 일종의 특권 의식을 갖고서 세상을 등지고 살았지만, 세례 요한은 그러지 않았습니다. 쿰란 공동체의 특권 의식과 일종의 이중 예정 구원론(선택받은 자만 구원을 받는다는 사상)은 그의 마음에 들지 않았습니다. 그래서 그는 쿰란 공동체와 비슷한 종말론적 사유를 가졌으면서도 세상을 향해 회개하라는 메시지를 선포했습니다. 그는 요단강 근처에서 '임박한 하나님 나라'를 외치며, 아마도 쿰란 공동체에서 배웠을 '세례'를 사람들에게 베풀기 시작했습니다.

당시 세례 요한 외에도 여러 예언자와 가짜 메시아가 많았지만, 세례 요한은 아마도 진실하고 인격적이었던 모양입니다. 그는 아무런 기적을 행하지 않고서도 그저 선포만으로 수많은 사람을 감동시켰습니다. 1세기 유대인 역사가 요세푸스의 기록에 의하면, 당시 갈릴리를 통치하던 헤롯 안티파스가 정치적 위협을 느낄 정도로 많은 사람이 (복음서에 의하면 심지어 군인들까지도) 그의 선포에 귀를 기울였다고 합니다. 그의 선포는 단순했습니다.

"회개하라 천국이 가까이 왔느니라"(마태 3:2)

그는 예루살렘 근처의 요단강에서 세례를 베풀었습니다.* 명절을 지키기 위해 올라온 사람들은 세례 요한의 소문을 들었을 것입니다. 그 중에는 유대인들의 절기를 지키러 예루살렘으로 여행했던(누가 2:41 이하 참고) '예수'도 있었습니다. 세례 요한의 선포는 평범한 일상을 살던 예수의 가슴을 뛰게 만들었습니다.

---

* 세례 요한이 세례를 베푼 곳은 오늘날의 알-마그타스(al-Maghtas)일 것으로 추정됩니다.

안드레아 만테냐, 〈그리스도의 세례〉(1506)

죄가 없는 하나님의 아들 예수가

사람들에게 회개하라고 외친 세례 요한에게 세례를 받았다는 것은

초기 기독교 공동체에게 매우 당혹스러운 이야기였을 것입니다.

5장

예수의 세례(II): 예수의 죄 고백

마가 1:5, 9-11; 마태 3:5-6, 13-15; 누가 3:21-22

회개의 세례

세례 요한은 두 종류의 메시지를 선포했습니다. 하나는 도덕적 선포였습니다. 헤롯 안티파스를 비롯한 많은 사람은 그의 단순 명쾌한 도덕적 선포에 감동을 받거나 불편함을 느꼈습니다. 다른 한 메시지는 묵시적 선포였습니다. 하나님의 심판이 있을 것이고, 하나님 나라가 곧 도래할 것이라는 세례 요한의 선포는 회개하라는 그의 메시지에 훨씬 더 큰 힘을 실어주었습니다.

이때 우리는 두 가지 역사적 사실을 지적해야 합니다.

- 첫째, 세례 요한의 세례는 죄의 고백을 전제합니다.

- 둘째, 예수는 세례 요한에게 세례를 받았습니다.

마가복음은 세례 요한의 세례가 "죄 사함을 받게 하는 회개의 세례"(마가 1:4)라고 말합니다. 마태복음은 "자기들의 죄를 자복하고 요단강에서 그에게 세례를 받더니"(마태 3:6)라고 말합니다. 이런 기록을 통해 우리는 세례 요한이 세례를 베푸는 조건으로 죄에 대한 고백을 요구했다고 추측할 수 있습니다. 죄가 없는 하나님의 아들 예수가, 사람들에게 회개하라고 외친 세례 요한에게 세례를 받았다는 것은 초기 기독교 공동체에게 매우 당혹스러운 이야기였을 것입니다. 하지만 예수가 세례를 받았다는 사실은 너무도 자명해서 감출 수 없을 정도였기에, 공관복음 세 편에 고스란히 남아 있습니다.

그래서인지 공관복음 중 상대적으로 늦게 쓰인 누가복음을 보면, 예수가 세례 요한에게 세례를 받지 않은 것처럼 연출해놓았습니다. 예수가 세례를 받는 장면 직전에 세례 요한이 체포된 장면을 집어넣는 식으로 말입니다. 또한 누가복음은 마치 유대인 전체가 그러한 세례 행사에 참가한 것처럼 장면을 슬쩍 고쳐놓았습니다. 사실 다른 복음서 역시 예수의 세례를 최대한으로 미화하기 위해 성

부와 성령의 현현을 동시에 삽입했습니다. 예수를 신성한 존재로 미화하고 세례 요한을 그보다 아래의 존재로 만드는 이러한 관계의 역전은 예수를 드높이기 위한 초기 기독교의 각색입니다. 그러한 각색을 지우면 본래의 단순한 사실을 엿볼 수 있습니다. 예수는 세례 요한의 설교에 감동했으며, 그에게 나아가 세례를 받기 위해 죄를 고백했습니다.

예수가 고백한 죄

그렇다면 예수는 어떤 죄를 고백했을까요? 우리는 두 가지 가능성을 생각해볼 있습니다. 첫째는 예수가 개인적인 죄를 고백한 경우입니다. 세례 요한을 찾아온 자들의 죄의 목록을 살펴보면 군인들은 폭력을, 세리들은 사기를, 부자들은 착취를 지적받고 있습니다. 그런 죄들은 모두 권력에 의한 것인데, 예수가 그러한 범죄를 저지를 수 있는 위치에 있었을 것 같지는 않습니다. 다른 종류의 개인적인 죄를 고백했을 것이라고 상상해볼 수는 있지만, 그것이 무엇인지는 너무도 개인적이라 전혀 알 수 없습니다(예수는 죄가 없는 존재라는 주장은 성서에 근거한 것이 아니라 후대에 만들어진 교리입니다). 둘째는 예수가 이스라엘 전체의 죄를 고백했을 가능성입니다. 예수는 고대 이스라엘 종교에서 명절에 민족 전체의 죄를 위해 제사를 드린 대제사장처럼, 혹은 묵시문학의 주인공 다니엘처럼 이스라엘 전체가 당하고 있는 억압와 고난을 생각하며 다른 이스라엘 백성들과 자신을 동일시한 채로 죄를 고백했을지도 모릅니다.

죄를 고백하고 세례 요한에게 세례를 받은 예수는 하나님과의 친밀감을 느낀 동시에 이스라엘 백성 전체에 대한 연민의 감정에 휩싸였습니다.

자코포 틴토레토, 〈그리스도의 세례〉(1580)

예수는 세례를 받을 때

스스로를 고난 받는 '야훼의 종'이라 생각했습니다.

그는 이제 자신이 큰 사명을 감당해야 한다고 생각했고,

그 길은 결코 순탄치 않을 것이라는 각오를 다졌습니다.

6장

예수의 세례(III): 입양됨 혹은 양자됨

마가 1:9-11; 마태 3:16-17; 누가 3:21-22

세 복음서 중 가장 날것의 묘사를 담고 있는 마가복음에 따르면 세례를 받을 때 예수는 물에서 올라옵니다. 세례의 방식이 물을 뿌리거나 붓는 것이 아니라 물에 담그거나 잠기게 하는 것임을 알 수 있는 대목입니다.

공관복음에 묘사된 예수의 세례 장면을 보면, 소위 '삼위일체'의 세 위격이 한번에 그려지는 것을 볼 수 있습니다. 물에서 올라온 예수는 성령이 자기에게 내려오는 것을 '봅니다'. 그리고 하늘로부터 목소리를 '듣습니다'. 이것은 객관적 사건이 아닙니다. 만약 예수가 세례를 받을 때, 세례 요한을 비롯한 주변 사람들도 성령과 음성을 보고 들었다면 예수는 굳이 제자들을 모으러 다닐 필요가 없었을 것입니다. 적어도 공관복음에 의하면 예수의 동문, 즉 세례 요한의 다른 제자들 중 예수를 따른 사람은 없습니다(그러나 요한복음은 베드로와 안드레가 세례 요한의 제자였다가 예수의 제자가 되었다고 말합니다). 다만 예수가 세례 이후 어떤 마음의 변화를 겪었다는 점은 분명합니다.

예수의 자의식

아마도 예수가 곧바로 이러한 마음의 변화를 겪은 것이 세례 직후는 아닐 것입니다. 내면의 변화는 서서히 시작되었을 것입니다. 이렇게 환상과 신비를 통해 소명을 확립하는 체험(혹은 소명을 확립한 이후 그 기원을 찾는 훗날의 회고적 표현)은 이사야나 예레미야, 에스겔 등 고대 이스라엘 예언자들의 이야기에도 등장하는 비교적 흔한 일이었습니다.

세례 이후 예수는 세 가지 마음의 변화를 겪습니다.

첫째, 예수는 자신이 이제 신성한 능력을 가지게 되었다고 생각했을 것입니다. 자신에게 '성령이 임함을 보았다'는 것은, 이전과는 달리 자신이 하나님의 특별한 사명을 감당할 능력을 가졌다고 확신한다는 것을 의미합니다.

이후 예수는 당시 사람들의 눈으로 볼 때 분명 병을 고치고, 귀신을 쫓아내는 능력을 행사했습니다.

둘째, 예수는 스스로를 고난 받는 '야훼의 종'이라 생각했습니다. 예수가 세례를 받을 때 하늘로부터 들은 두 음성 중 하나는 '내가 너를 기뻐하노라'입니다. 이는 이사야서에 있는 '야훼의 종'('에베드 야훼')을 향한 시의 한 구절입니다(이사야 42:1). 그는 이제 자신이 큰 사명을 감당해야 한다고 생각했고, 그 길은 결코 순탄치 않을 것이라는 각오를 다졌습니다.

셋째, 예수는 스스로를 '하나님의 아들'로 인식하기 시작했습니다. 복음서는 예수가 하늘로부터 '너는 내 아들이라'는 음성을 들었다고 전합니다. 이는 시편 2편 7절, 이스라엘 왕의 대관식에서 사용하던 시의 한 구절에서 따온 것입니다. 고대 유대교에서는 두 경우에 하나님을 '아버지'라고 불렀습니다. 하나는 이스라엘 민족과 하나님이 특별한 계약 관계를 맺었다는 신앙에서 우러나오는 비유적·시적 차원으로 '아버지'라는 표현을 사용하는 경우입니다. 다른 하나는 이스라엘의 왕이 하나님의 아들이라는 인식에서 그런 표현을 사용했습니다. 그러나 예수가 이 두 경우를 염두에 둔 것은 아니었습니다. 예수는 그 두 경우와는 다른 특별한 관계의 차원에서 자신이 하나님의 아들이라고 생각했습니다. 이러한 관계는 지금까지 누구도 도달하지 못했으며 앞으로도 누구도 도달하지 못할 관계일 것입니다.

그렇게 예수는 신성한 능력을 가진 자이자 하나님의 유일무이한 아들로서의 자의식을 갖게 되었습니다.

후안 데 플란데스, 〈광야에서의 그리스도의 유혹〉(1500년경)

사탄의 세 가지 유혹은

돈, 명예, 권력이라는 전형적인 유혹을 상징합니다.

예수는 자신이 깨달은 소명을 따라

돈, 명예, 권력을 추구하는 삶을 버리기로 결정했습니다.

7장

예수의 유혹

마가 1:12-13; 마태 4:1-11; 누가 4:1-13

예수는 세례 요한을 만나 그의 설교를 듣고, 그에게 세례
를 받고, 큰 내면의 울림을 얻었습니다. 그러나 분명 그에
게는 새로운 충격을 정리할 시간이 필요했을 것입니다.
얼마나 오래인지는 알 수 없으나 그는 광야 한가운데서
홀로 시간을 보냈습니다. 이 이야기를 마가복음은 매우
간단히 보고합니다.

> "광야에서 사십 일을 계셔서 사단에게 시험을 받으시며 들짐
> 승과 함께 계시니 천사들이 수종들더라"(마가 1:13)

마가복음에는 그 유명한 '세 가지 유혹' 이야기가 없습니다. 그 이야기는 마태복음과 누가복음에만 나옵니다. 이 사탄의 시험은 창세기의 아담 이야기를 떠올리게 합니다. 아담과 예수는 모두 하나님의 특별한 피조물로서 사탄의 유혹을 받지만, 둘의 결과는 다릅니다. 아담은 유혹에 패배했지만 예수는 유혹을 이겨냈습니다. 아담은 동물과 천사들이 있는 에덴 동산에서 쫓겨났으나, 예수는 동물과 천사와 함께 있습니다.

'40일'이라는 수는 모세와 엘리야 이야기를 염두에 둔 것입니다. 모세와 엘리야가 경험한 신성한 개인적 체험은 모두 40일간의 일입니다(출애굽기 24:18; 열왕기상 19:8 참고). 하지만 '40일'의 의미는, 무엇보다 이스라엘 백성들은 40년간 광야를 떠돌며 받은 유혹을 이기지 못했지만 예수는 그것을 이겨냈다는 점을 보여주기 위한 설정입니다.

마태복음과 누가복음에 의하면, 예수는 사탄의 세 가지 유혹을 거부하며 매번 토라의 마지막 책인 신명기를 인용합니다. 사탄은 굶주린 예수에게 '네가 하나님의 아들이라면' 돌을 빵으로 만들어 보라고 말하지만, 예수는 '사람은 빵이 아닌 하나님의 말씀으로 살 것'(신명기 8:3)이라고 응수합니다. 두 번째로 사탄은 예수를 예루살렘

성 꼭대기로 데려갑니다. 그리고 뛰어내려 보라며 '하나님의 아들이라면' 천사들이 보호해줄 것이라 말합니다. 그러자 예수는 '하나님을 시험하지 말라'(신명기 6:16)고 응수합니다. 마지막으로 사탄은 예수를 어느 높은 산 꼭대기로 데려가 '온 세상 영광'을 보이며 자신에게 경배하면 그것을 전부 주겠다고 유혹합니다. 예수는 '하나님께만 경배하고 그분만을 섬겨야 한다'(신명기 6:13)며 그 유혹을 물리쳤습니다. 흥미로운 점은 마태복음과 누가복음의 유혹 순서가 다르다는 것입니다. 마태복음은 '산'(이 책 29장 참고)을 강조하므로 산에서의 유혹이 정점으로 등장하고, 누가복음은 '예루살렘'을 강조하므로 예루살렘 성에서의 유혹이 정점으로 등장합니다.

광야에서 홀로 시간을 보내는 것은 예수에게 유별난 일이 아니었습니다. 예수에게는 종종 혼자 조용한 곳에서 기도를 하는 등 자기만의 시간을 갖는 습관이 있었던 것 같습니다(마가 1:35). 그러나 예수는 아마도 세례 이후 최초로 새롭고 심각한 자기만의 시간을 가졌을 것입니다. 그 가운데 예수는 어떤 확신을 갖게 되었고, 바로 그 확신을 갖고서 이스라엘을 위한 사역을 시작했습니다. 그 확신이란 다름 아닌 예수 스스로 사탄을 이미 이겼다는 것입니다.

고대 사람인 예수는 사탄의 존재를 실제로 믿었을 것입니다. 하지만 사탄의 시험은 눈에 보이는 사탄이 실제로 나타난 것이 아니라, 마음속의 사건을 묘사한 것입니다. 마태복음에서도 사탄이 산에서 만국을 보여주었다는 묘사를 통해, 그것이 실제로 일어난 일이 아니라 마음속에서 일어난 것임을 암시하고 있습니다.

실제로 예수가 이러한 내면의 유혹을 겪은 것인지 정확히 알 수는 없습니다. 하지만 사탄의 세 가지 유혹은 돈, 명예, 권력이라는 전형적인 유혹을 상징합니다. 예수는 고독하게 기도하는 가운데 그러한 유혹을 받았습니다. 그것은 너무도 인간적인 욕망이기도 했습니다. 그러나 예수는 세례 요한의 선포를 듣고 받은 충격과 세례의 순간 이후 자신이 깨달은 소명을 따라, 돈·명예·권력을 추구하는 삶을 버리기로 결정했습니다.

공생애의 전반부:
갈릴리의 예수

바실리 폴레노프, 〈성령의 능력으로 갈릴리로 돌아오다〉(1890)

예수는 나사렛에서부터 확신에 차서 설교했을 것입니다.

하지만 예수의 말을 진지하게 들어주는 사람은 없었습니다.

그래서 예수는 '발의 먼지를 떨어버리고'

고향을 떠나 순회 설교자가 되었습니다.

8장

예수의 선포

마가 1:14-15; 마태 4:12-17

예수가 광야에서 시간을 보내는 동안, 갈릴리를 다스리던 헤롯 안티파스는 세례 요한을 잡아다가 감옥에 가두었습니다. 복음서는 예수가 그 소식을 듣고 갈릴리로 돌아왔다고 묘사합니다. 이는 예수가 홀로 있었던 광야가 유대 지역, 즉 세례 요한이 활동하던 곳이라는 점을 전제한 서술입니다.

세례 요한은 활동하는 동안 많은 무리와 제자를 모았습니다. 예수도 처음에는 그런 무리 중 한 명이었다가 나중에는 세례 요한을 쫓아다니며 그를 흉내낸 제자가 되었

을 것입니다. 예수는 세례 요한이 잡혀들어간 뒤에 그의
제자들이 활동하는 모습을 지켜보았습니다. 그러나 세례
요한과 같은 카리스마를 가진 이는 그의 눈에 보이지 않
았습니다. 심지어 예수는 광야에서 사탄의 유혹을 이겨낸
상태였습니다. 예수는 이제 자신이 세상에 목소리를 낼
때라고 생각했습니다.

순회 설교자 예수

아마도 예수는 자신의 사명을 처음에는 갈릴리 나사렛
의 고향집과 주변 동네에서부터 확신에 차서 선포하고 설
교했을 것입니다. 하지만 예수의 말을 진지하게 들어주
는 사람은 없었습니다('선지자가 고향에서 인정받지 못한다'
는 예수의 말은 자기 경험을 반영한 실제 예수의 말일 것입니다).
그래서 예수는 '발의 먼지를 떨어버리고' 고향을 떠나 순
회 설교자가 되었습니다.

  "예수께서 성령의 능력으로 갈릴리에 돌아가시니 그
소문이 사방에 퍼졌고"(누가 4:14)라는 묘사는 예수가 갈
릴리 이곳저곳을 돌아다녔음을 암시합니다. 그러다 예수
는 결국 나사렛에서 상당히 떨어진 갈릴리 호수 주변에서
설교자로서 활동을 시작했습니다. 구체적으로는 가버나
움이라는 마을이 예수의 주 활동 무대였습니다. 마태복음

9장 1절은 가버나움을 '본 동네'*라고까지 표현합니다. 예수는 가버나움에 머물 집도 마련했습니다(마가 2:1).

갈릴리의 많은 마을 중에서 예수가 가버나움에 정착한 이유는 간단합니다. 순회 설교자가 된 그의 말에 처음으로 귀를 기울인 사람들이 가버나움에 있었기 때문입니다. 그때부터 예수는 가버나움을 자신의 거점으로 삼고, 갈릴리 호수 주변에서 활동했습니다. 그곳에서 예수는 자신이 세례 요한에게서 배운 선포를 그대로 외쳤습니다.

"회개하라 천국이 가까이 왔느니라"(마태 4:17)

임박한 하나님 나라

비록 세례 요한은 감옥에 갇혔지만, 하나님 나라에 대한 희망과 선포는 오히려 예수를 통해 더욱 강력하게 울려 퍼지게 되었습니다. 이 선포는 세례 요한에게서 예수에게로, 그리고 이제 곧 생겨날 예수의 제자들에게로 이어지게 됩니다.

처음에 예수는 세례 요한처럼 세례를 베풀었을지도 모릅니다(요한 3:26, 4:1 참고**). 그러나 예수의 인격과 활

* 이는 그리스어로 '이디안 폴린', 직역하면 '자신의 도시'입니다.
** 요한복음 4장 2절은 후대에 삽입된 구절입니다.

동은 세례 요한의 것과는 의미가 사뭇 달라졌습니다. 예수는 임박한 하나님 나라를 앞두고 더 이상 세례라는 예비 의식을 행할 수 없을(혹은 행할 필요 없을) 정도로 '이미 시작된' 그리고 곧 '완성될' 하나님 나라를 선포하게 되었습니다.

베드로와 안드레를 부르는 예수를 그린 모자이크
(이탈리아, 성 아폴리나레 누오보 성당, 6세기경)

예수는 생계를 위해 직업을 가져야만 했을 것입니다.

한 곳에 머물지 않고 순회 설교를 했던 그는

가버나움에서 어부로서 일용직 활동을 했을 확률이 높습니다.

9장

예수의 제자(I): 네 명의 어부

마가 1:16-20; 마태 4:18-22절

어부들을 부르다

마가복음과 마태복음에 의하면, 예수는 갈릴리 호수 근처
를 돌아다니며 고기를 잡는 두 명의 어부를 보았습니다.
그들의 이름은 시몬과 안드레입니다. 예수는 그들을 불렀
고, 그들은 '그물을 버려두고' 예수를 따라갑니다. 다시
호수를 거닐던 예수는 그물을 정리하고 있는 다른 두 어
부를 보았습니다. 그들은 야고보와 요한 형제였는데, 세
베대라는 사람의 아들들이었습니다. 그들은 아버지와 다
른 일꾼들, 배를 버리고 예수를 따라갑니다.

맨 처음 예수를 좇았던 사람들은 갈릴리의 어부들이었습니다. 복음서의 기록처럼, 낯선 외지인이 찾아와 따라오라는 말을 했을 뿐인데 이들이 갑자기 자기 본업을 버리고 예수를 따라가지는 않았을 것입니다. 누가복음은 이 일을 조금 더 극적으로 만들기 위해 기적적인 물고기잡이 사건을 덧붙입니다. 그러나 이는 예수의 부활 이후, 예수에 대한 변화된 인식을 투영한 이야기일 것입니다. 복음서의 많은 이야기들은 이처럼 부활 신앙이 생겨난 이후의 예수에 대한 인식을 반영하여 만들어진 것입니다.

마가복음 저자는 제자들이 예수의 말에 곧바로 그를 따라가는 장면을 기록하면서 구약성서의 열왕기에 나오는 예언자 엘리야와 엘리사의 이야기를 염두에 두었을 것입니다. 제자를 부르는 엘리야와 예수 이야기의 틀은 매우 비슷합니다. 열왕기상 19장 19-21절에서 엘리사 역시 엘리야의 부름에 매우 즉각적인 반응을 보이며, 여기에는 어부들의 이야기처럼 많은 부분이 생략되어 있습니다.

엘리야는 소를 끌며 밭을 갈던 농부 엘리사에게 겉옷을 던집니다. 그러자 엘리사는 농기구를 부숴버리고 밭을 갈던 소를 잡아 구워서 동네 사람들과 나누어 먹은 뒤 엘리야를 따라갑니다. 자기 직업을 버리고 엘리야라는 위대한 하나님의 사람을 따라간 것입니다. 아마도 마가복음은 이 장면과 비슷한 모습을 연출하고 싶었을 것입니다.

일용직 노동자 예수

예수와 네 명의 어부, 정확히는 두 명의 어부 그룹이 둘씩이나 왜 자기 본업인 어부를 그만두고 예수를 따라다니게 되었는지 우리는 알 수 없습니다. 다만 이렇게 상상해볼 수 있습니다. 예수는 홀로 여행하며 갈릴리 호수 근처의 가버나움까지 왔습니다. 예수는 생계를 위해 직업을 가져야만 했을 것입니다. 본업인 농기구 만드는 일을 했을 수도 있지만, 한 곳에 오래 머무르지 않고 순회 설교를 한 그에게는 아직까지 추종자가 없었으므로 일용직 활동을 해야만 했을 것입니다. 갈릴리 호수와 인접한 어촌인 가버나움에는 농기구를 만들 사람보다는 배를 타고 고기를 잡을 일꾼이 필요했을 것입니다. 예수는 그곳에서 어부로서 일용직 활동을 했을 확률이 높습니다. 당시 갈릴리에서 어부들은 계층 피라미드의 최하층에 있었습니다. 헤롯 안티파스가 지배할 때의 갈릴리의 경제 구조를 살펴보면, 권력이 없는 어부들은 세금을 지나치게 많이 바쳐야 했고 큰 돈을 벌지도 못했습니다. 이러한 노동력 착취는 당연히 당시 예수가 순회하며 머무르던 마을에도 있었습니다.

복음서에 따르면 야고보와 요한 형제는 배를 버려두

고 예수를 따라갔습니다. 이들은 어업에 필요한 배를 소유한 집안으로서 하층민 정도는 아니었을지 모릅니다. 반면 시몬과 안드레는 어업 종사자들 중 가장 낮은 계층에 속했을 것입니다. 예수는 가버나움에서 일용직 어부(고기잡이 외에도 어업을 위한 여러 일손이 필요했을 것입니다)로 일하며 그들과 친밀한 관계를 맺었을 것입니다. 예수의 설교가 최초의 성공을 거둔 것은 바로 그 동료 어부들 사이에서였습니다.

가버나움에서 축귀를 행하는 예수가 그려진 벽화
(독일, 람바흐 베네딕토회 수도원, 11세기경)

예수는 사역 초기에

스스로 귀신을 쫓아낼 수 있다는 자의식을 가지고

축귀 행위를 했을 것입니다.

예수의 유명세는 바로 축귀 사역으로 인한 것이었습니다.

10장

축귀 사역자 예수

마가 1:21-28; 누가 4:31-37

가버나움에서 고작 몇 명의 동료를 모았을 뿐이지만, 예수는 얼마 안 가 갑작스레 유명한 사람이 되었습니다. 그 이유는 '예수가 귀신을 쫓아낸다'는 소문이 퍼졌기 때문입니다.

복음서에 의하면 예수는 안식일에 가버나움의 한 '회당'으로 들어갑니다. 회당은 유대인들이 포로가 되거나 흩어져 떠돌던 시절(디아스포라), 성전에서 멀리 떨어진 유대인들이 힘을 합치거나 때로는 부유한 이의 기부(누가 7:5 참고)를 통해 만든 '공공 기도처'입니다. 이곳에서 유대인들은 토라를 낭독하고 가르쳤습니다. 제사장이나 훈련받은 히브리어 전문가가 토라를 엄격하게 가르치는 경우도 있었지만(당시 유대인들은 아람어를 사용했고, 이미 구약성서에 쓰인 히브리어는 그들에게 이미 잊혀진 고대 언어였기에 히브리어 전문가는 얼마 되지 않았을 것입니다) 토라가 보관되어 있는, 일종의 마을 회관 역할을 하는 작은 회당도 있었습니다. 이런 곳에서는 설교보다는 토론이 이루어졌습니다. 예수가 만약 회당을 찾아가 그곳에서 어떤 가르침을 들려줄 수 있었다면 그곳은 그런 엄격한 회당이 아니라 작은 회당이었을 것입니다.

다시 예수의 이야기로 돌아가봅시다. 마가복음과 누가복음은 그런 회당에서 '더러운 귀신 들린 사람' 하나가 행패를 부리고 있었다고 전합니다. 그는 예수를 향해 "나사렛 예수여 우리가 당신과 무슨 상관이 있나이까 우리를 멸하러 왔나이까 나는 당신이 누구인 줄 아노니 하나님의 거룩한 자니이다"(마가 1:24)라고 소리쳤습니다. 그러자 예수는 그를 꾸짖었고, 곧바로 그에게서 귀신이 떠나갔습니다.

고대인들에게는 영적인 존재가 당연했습니다. 문화에 따라 차이는 있었지만, 고대인 대부분은 인간과 신뿐 아니라 그 중간의 영적 존재가 있다는 사실을 당연하게 여겼습니다. 그것은 유일신을 섬기는 고대 유대인이라 해도 마찬가지였습니다. 그들은 천사와 악령의 존재를 믿었습니다. 예수와 동시대 인물인 1세기 역사가 요세푸스는 고대 이스라엘의 지혜로운 왕 솔로몬에게 "귀신을 쫓아내는 지혜"가 있었다고 믿었고, 그것이 지금도 요세푸스 자신의 동료 엘르아살을 통해서도 이루어진다고 보고합니다. 그 외에도 여러 랍비 문헌은 '하니나 벤 도사'와 같은 다른 1세기 인물 역시 기도를 통해 여러 기적을 일으켰을 뿐 아니라 악령도 쫓아냈다고 전합니다. 고대인들도 종종 귀신 들림 현상과 질병을 구별하기는 했으나, 여전히 대부분의 질병은 귀신이 들렸기 때문에 생긴 것이라는 생각이 강하게 뿌리박혀 있었습니다. 오늘날도 여전히 많은 사람이 귀신을 진지하게 믿지만, 귀신은 현대의 세계관에 맞지 않는 신화적 개념입니다. 옛 신화는 세계를 설명하는 당시의 언어일 뿐입니다.

예수는 사역을 시작한 뒤로 다양한 사람들을 만났습니다. 마가복음 1장(그리고 누가복음 4장)은 가버나움에서 예수가 일으킨 첫 기적이 귀신을 쫓는 것이었다고 기록합니다. 복음서 내용의 순서와 실제 예수의 생애가 딱 들어맞지는 않겠지만, 예수는 사역 초기에 스스로 귀신을 쫓아낼 수 있다는 자의식을 가지고 축귀 행위를 했을 것이라는 점은 분명해 보입니다. 이를 목격한 동시대 사람들도 예수가 귀신을 쫓아냈다는 소문을 냈을 것입니다. 예수의 유명세는 바로 축귀 사역으로 인한 것이었습니다.

그러나 복음서에 묘사된 축귀 장면에는 '안식일', '회당', '귀신이 예수를 하나님의 거룩한 자로 알아보는 것' 등의 묘사가 등장하는데, 이를 통해 예수의 축귀 이야기가 초기 기독교가 전파하던 전형적인 기적적인 축귀 이야기로 지나치게 정형화되어 있음을 알 수 있습니다.* 그렇다고 해서 예수가 귀신을 쫓는 이야기를 지나치게 합리주의적으로 축소해서 '예수가 회당에서 설교를 했는데 처음에는 소리지르고 반대하던 누군가가 감명을 받았을 것이다'라는 식으로 재해석하는 것 역시 적절하지 않습니다. 그런 식으로는 결코 예수가 귀신을 쫓아낸 사람으로 유명해질 수 없었을 것입니다.

---

* 기원후 200년경 교부 테르툴리아누스는 〈변증〉(APOLOGETIKUM)이라는 글을 통해 엑소시즘의 관행을 이렇게 해설합니다. "악령에 사로잡힌 것이 분명한 사람을 당신의 재판정에 두시오. 어느 그리스도인이든지 그들에 의해 말을 하라고 명령을 받은 영은, 자신은 거짓으로 신이라 말했으나 실상은 악령이라 고백할 것이오."(APOLOGETIKUM, 23) 또한 2세기에 추가된 마가복음의 뒷부분(마가 16:9-20) 중 17절은 '예수의 이름으로' 귀신을 쫓아내는 것에 대해 언급합니다. 무엇보다 1세기 말에서 2세기 초에 쓰인 것으로 보이는 사도행전 19장 13절은 초기 교회가 어떻게 귀신을 쫓아냈는지를 간접적으로 보여줍니다.

흥미롭게도 마가복음 1장 26절은 뇌전증을 연상시키는 "경련을 일으키고"라는 표현을 사용하고 있습니다. 실제로 고대부터 뇌전증은 악마가 일으키는 질병(일명 '히에라 노소스', 즉 '거룩한 질병' 혹은 '헤라클레스 병')으로 간주되었습니다. 이 표현이 실제 사건에 기반한다면, 누군가가 경련을 일으키고 예수 앞에서 쓰러졌을 장면을 상상해볼 수 있습니다. 예수와 주변 사람들은 그것을 두고 그에게 귀신이 들렸기 때문이라고 믿었습니다. 당시 사람들은 귀신이 들린 사람에게 해줄 수 있는 일이 없었지만, 예수는 달랐습니다. 예수는 그를 향해, 정확히는 그를 괴롭히는 귀신을 향해 꾸짖었습니다. 그러다 어느 순간 그 사람은 경련을 멈추고 정신을 잃었습니다. 이 장면은 그야말로 예수와 귀신의 대결로, 그리고 예수의 승리로 보였을 것입니다.

> "다 놀라 서로 물어 이르되 '이는 어찜이냐 권위 있는 새 교훈이로다 더러운 귀신들에게 명한즉 순종하는도다' 하더라 예수의 소문이 곧 온 갈릴리 사방에 퍼지더라"(마가 1:27-28)

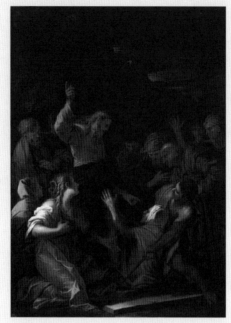

장마리 멜키오르 도즈, 〈예수의 분노〉(1864)

예수는 분명 귀신을 쫓아내는 사람으로 유명해졌지만

대다수의 기적은 실패했을 것이고

때로는 기적을 보여달라는 요청에

화를 내기도 했을 것입니다.

한센병 환자를 고치다

예수가 귀신을 쫓아낸다는 소문이 퍼지자 예수는 가버나
움에서 유명인이 되었습니다. 많은 사람이 귀신을 쫓거나
병을 고치기 위해 예수를 찾아왔습니다. 당시의 부족한
위생 관념과 그곳의 뜨거운 햇살, 건조한 여름 날씨로 인
해 그를 찾아온 사람들 중에는 피부병 환자도 많았을 것
입니다.

공관복음은 어느 한센병 환자가 치유된 사건을 공통
적으로 전하고 있습니다. 어느 날 어떤 한센병 환자가 예

수를 찾아와 무릎을 꿇었습니다. 예수는 그에게 손을 대고 한마디 말로 그를 고쳐주었습니다. 그리고 이 이야기를 누구에게도 하지 말라며 엄중하게 '경고'하는데, 대신에 율법에 따라 제사장에게 치유된 몸을 보여주라고 말하고 그를 보냅니다. 당시 유대인 사회에서 한센병 환자는 레위기의 규정에 따라 격리된 채로 살아야 했습니다. 만일 전염병이 아니라 일시적 피부병에 걸린 것이거나 완전히 치유된 경우, 당시 '정결'을 관장하던 제사장에게 몸을 확인받은 뒤에 다시 평범한 사회의 일원으로 복귀할 수 있었습니다(레위기 14:1-32).

예수가 '화를 냈다'?

하지만 복음서는 우리가 다소 의아하게 느낄 만한 묘사를 남겼습니다. 예수가 이 장면에서 '화를 냈다'는 것입니다. 오늘날 우리가 읽는 판본의 마가복음 1장 41절에는 그리스어 '스플랑크니스테이스'('불쌍히 여기사')가 기록되어 있지만, 어떤 사본에는 그 자리에 그리스어 '오르기스테이스'가 기록되어 있습니다. 이 단어는 '예수께서 노하사'로 번역될 수 있습니다. 왜 이런 차이가 생겼을까요? 두 단어는 발음과 표기가 완전히 다르니 이는 옮기는 과정에서 일어난 실수라고 보기 힘듭니다. 두 단어 중 원래의 기록에 가까운 것은 예수가 화를 냈다는 뜻의 '오르기스테이스'라고 할 수 있습니다.* 즉 예수는 그 환자를 불쌍히 여긴 것이 아니라 그에게 화를 냈다는 것입니다. 도대체 무슨 일이 있었던 것일까요?

아마도 예수를 찾아온 피부병 환자는, 예수가 그에게 다가가기 전에 '먼저' 예수에게 접촉했을 것입니다. 당시 유대인들의 율법에 의하면 피부병 환자와 접촉한 사람은 '부정한' 사람이 됩니다. 피부병 환자들은 사실상 시체와 같은 취급을 당한 것입니다(민수기 12:12 참고). 시체와 접촉한 사람이 격리 생활을 한 뒤 정결 예식을 하는 절차를 거치지 않으면, 그는 저주받은 자가 되어 이스라엘 민족에게서 끊어진 사람이 되었습니다(민수기 19:1-13 참고). 게다가 이 정결 예식은 매우 복잡하고 정결 예식을 위한 값비싼 '성수'(붉은 암송아지를 태운 잿물)를 준비해야 했습니다. 이런 규정을 알고 있었던 예수는 피부병 환자가 다가와 접촉했을 때 놀라서 당황하며 화를 냈을 것입니다.

* 성경의 사본들 사이에 차이가 발견되었을 때, 어느 것이 더 원문에 가까운지 결정하기 위해 사용되는 기준이 있습니다. 예를 들어 학자들은 사본이 만들어질 때 이해하기 어려운 내용과 표현을 이해하기 쉬운 것으로 바꾸었을 것이라고 가정하고, '더 어려운 독법'을 원문에 가까운 것으로 봅니다. '오르기스테이스'가 원문에 가깝다는 판단은 이 기준과 관련이 있습니다. 다른 기준으로는 '다른 독법들의 발생을 더 잘 설명할 수 있는 독법', '더 짧은 독법' 등이 있습니다.

이 이야기에서 한센병 환자를 순식간에 치유했다는 설정은 아마도 구약성서에서 본땄을 것입니다. 구약성서에서 한센병 치유와 야훼의 기적은 자주 연결됩니다(출애굽기 4장에서는 모세의 손이, 열왕기하 5장에서는 나아만의 몸이 치유됩니다). 한편 예수가 병이 나은 사람에게 '침묵을 명령한' 장면은, 아마도 '예수가 그토록 유명했는데 왜 그가 부활 선포 이전에는 실상 알려지지 않았는가?' 하는 의문에 대답하기 위한 내용일 것입니다. 예수는 분명 귀신을 쫓아내는 사람으로 유명해졌지만, 대다수의 기적은 실패했을 것이고 때로는 기적을 보여달라는 요청에 화를 내기도 했을 것입니다. 혹은 환자와의 접촉으로 예수 자신에게 '부정이 전달된' 것이 알려질까 우려하며 그 환자의 입을 다물게 했을지도 모르겠습니다.

어쨌거나 예수는 화를 냈지만 결국 자신을 찾아온 피부병 환자에게 "내가 원하노니 깨끗함을 받으라"라고 말하고 그를 돌려보냈을 것입니다. 이런 일은 제법 있었을 것이고, 그중에 일시적인 피부 질환이 있었던 환자는 당연히 자연적으로 나았을 것입니다. 이 사건은 예수 주변에 한센병 환자들을 끌어모으게 했으며, 예수는 그와 같이 도덕적으로나 인간적으로는 문제 없지만 그저 율법에 따라 부정하게 취급받은 사람들에게 조금씩 마음이 열렸을지도 모릅니다.

그러나 모든 사람을 다 고칠 수는 없었으므로, 예수는 몰려드는 사람들을 피해 종종 한적한 어딘가에 머물렀을 것입니다.

마비 환자를 고치는 예수의 모습이 표현된 천장화
(튀르키예, 이스탄불 코라 수도원, 1310-1320)

당시 예수를 따르던 사람들은 모조리 '죄인'들이었습니다.

그중에는 가난해서 제사나 정결 예식법을 지키지 못한 사람,

생계를 위해 율법이 금지한 일을

할 수밖에 없는 사람 등이 있었을 것입니다

예수의 죄 용서

마가 2:1-12; 마태 9:1-8; 누가 5:17-26

12장

걷지 못하는 환자를 고치다

예수가 가버나움의 집(아마도 자신의 집)에서 쉬고 있던 어느 날, 사람들이 그의 소문을 듣고 몰려왔습니다. 이번에는 침상째로 친구들 손에 들려 온 중풍 혹은 마비 환자도 있었습니다. 여기에 사용된 그리스어 '파라뤼티코스'는 우리말 성경에 '중풍'으로 번역되곤 하지만, 이 이야기에서는 포괄적으로 '걸을 수 없는 상태'를 뜻하는 말로 쓰였을 것입니다.

마가복음과 누가복음은 이 장면의 배경인 '집'을 다

르게 묘사합니다. 마가복음은 환자를 데려온 친구들이 '지붕을 뜯어' 구멍을 냈다고 하지만, 누가복음은 '기와를 벗겼다'고 표현합니다. 마태복음은 현명하게도 이 부분을 생략했습니다(정말로 친구들이 마비 환자를 데려왔다면 그냥 평범하게 그를 들것에 실어 왔을 것이고, 그곳에 모인 사람들도 그들이 남의 집을 망가뜨리는 것을 그냥 지켜보지 않고 길을 비켜주었을 것입니다). 공관복음은 예수가 그 걷지 못하는 사람을 한마디 말로 고쳐주었고, 그는 자기가 실려 온 들것을 들고 걸어서 돌아갔다는 기적을 보고합니다. 초기 기독교 공동체에서는 간혹 이렇게 걷지 못하다가 걷게 된 경우가 있었을 것입니다. 아마도 영양 실조 때문에 그랬던 경우도 있을 것이고, 이것이 돌봄과 공동 식사 등으로 회복된 것이 기적으로 여겨졌을 것입니다.

죄 용서 선언

그러나 이 사건은 그런 '일어났을 법한' 일이 반영된 것만은 아닙니다. 예수는 사람들 앞에서 그 환자를 향해 "네 죄 사함을 받았느니라"라고 선언했고, 그때 주변의 몇 사람은 그 말이 '신성모독'이라고 생각했습니다. 그것을 눈치챈 예수는 자신이 '지상에서 죄를 용서하는 권세'가 있

다는 것을 보여주기 위해 그렇게 말했다고 하며,* 그 말을
한 뒤에 기적으로 그를 고쳤습니다.

이 이야기는 '치유'와 '죄 용서'를 다룬 두 가지 이야
기를 하나로 합친 것으로 보입니다. 핵심은 '죄 용서'의
권한에 대한 예수의 말에 있습니다. 당시 예수를 따르던
사람들은 모조리 '죄인'들이었습니다. 다시 말해 예수 공
동체는 '죄인 집단'이었습니다. 그러나 '죄인'이라는 것
이 오늘날의 기준으로 '범죄 집단'이라거나 '파렴치한 집
단'이라는 말은 아닙니다. 1세기 유대교에서 '죄'란 다름
아닌 '율법의 위반'을 의미했기 때문입니다. 그중에는 가
난해서 제사나 정결 규정을 지키지 못한 사람, 생계를 위
해 율법이 금지한 일을 할 수밖에 없는 사람 등이 있었을
것입니다. 심지어 유대교의 율법은 자연적인 현상이라 할
지라도(월경 등) '죄'와 연관지었습니다. 율법 위반이 의도
적인 것이건 어쩔 수 없는 것이건, 그들이 율법이 규정한
죄인이라는 사실에는 변함이 없었습니다.

그러나 예수는 당시의 율법이 죄인으로 규정한 사람

---

* "네 죄 사함을 받았느니라 하는 말과 일어나 네 상을 가지고 걸어가라 하
는 말 중에서 어느 것이 쉽겠느냐"(마가 2:9)라는 구절을 두고, 어느 한쪽
이 더 쉽다는 뜻으로 받아들이고 갸우뚱해 하는 경우가 많습니다. 이 말
은 '어느 것이 쉽겠느냐'는 질문이 아니라 '어느 것이라고 해서 쉬운 것
이 있겠느냐'라는 말로 읽어야 합니다(마태 19:24 '쉽다'의 뉘앙스 참고).

들을 '율법과 상관없이' 자의적으로 용서했습니다. 그런 예수를 보고 어떤 사람들은 '신성모독'이라고 생각했을 것이 분명합니다. 유대교에서도 인간이 죄인을 향해 죄 용서를 말하는 것 자체가 신성모독은 아니었겠지만(제사장 등), '율법과 상관없는' 혹은 '뜬금없는' 죄 용서 선언이 문제가 되었을 것입니다.

마비 환자는 그런 점에서 전적으로 수동적인 사람이었습니다. 그는 율법을 지킬 수 없는 사람이었고, 정결 예식을 할 수 없는 사람이었습니다. 그렇기에 이 상황은 예수의 새로운 용서 개념을 선포하기에 더할 나위 없이 좋았을 것입니다.

예수는 그에게 아무런 조건 없이 죄 용서를 선언했습니다. 예수는 하나님과 율법에 대한 새로운 이해를 가지고 있었기 때문입니다. 율법을 통해 의롭게 되지 않은 '죄인'이라 할지라도, 그 사람은 이미 용서를 받았습니다. 하지만 아무런 조건이 없는 것은 아닙니다. 이미 그 조건은 마가복음 2장 3절에서 채워졌습니다.

> "사람들이 한 중풍병자를 네 사람에게 메워 가지고 **예수께로 올새**"(마가 2:3)

알렉상드르 비다, 〈세리와 죄인들과 함께 식사하는 예수〉(1875)

세리가 세금을 걷으러 예수의 집에 찾아왔을 때

모두가 기피하는 그에게 예수가 먼저

함께 식사를 하자고 권했을지도 모르겠습니다.

13장
예수의 제자(Ⅱ): 세리

마가 2:13-17; 마태 9:9-13; 누가 5:27-32

어느 날 예수는 세관에 앉아있는 세리(세금 징수꾼)를 만납니다. 예수는 다른 어부들을 불렀던 것처럼 그 세리를 불러 자신을 따라오라고 말합니다. 예수를 따라온 그 세리는 잔치를 벌였는데, 그 잔치에는 다른 세리와 창녀들, 예수와 그의 제자들이 와서 함께했습니다. 그때 바리새인과 서기관들이 예수가 '죄인'들과 함께한다며 비난했습니다. 그러자 예수는 한 가지 속담을 말하고 거기에 덧붙여 교훈의 형식을 띤 말로 자기를 변호합니다.

속담: "건강한 자에게는 의사가 쓸 데 없고 병든 자에게라야 쓸 데 있느니라"

교훈: "나는 의인을 부르러 온 것이 아니요 죄인을 부르러 왔노라"

세리는 어떤 직업인가

세리는 여러 가지 명목으로 한 지역에서 직접적으로 혹은 간접적으로 세금을 거두는 일을 했기에, 예수가 자기 동네인 가버나움을 관리하는 세리를 만나는 것은 드문 일이 아니었을 것입니다. 세리는 유대인들의 원수와 같은 직업이었습니다. 유대 지역을 식민지로 삼은 로마가 세금을 지나치게 부과하는 것도 문제였지만, 유대인들을 억압하는 로마에 바치는 세금을 다름 아닌 같은 유대 민족 사람이 거두어간다는 것은 그야말로 민족의 배신자처럼 느껴질 만한 일이었을 것입니다. 그래서 로마에 군사적으로나 법적으로 저항할 수 없었던 유대인들은 세리들을 종교적으로 배척했습니다. 사실상 세리는 유대교로부터 출교된 자들이었습니다. 이런 상황에서 어떤 사람들이 세리를 직업으로 삼았을까요? 아마도 범죄 이력이 있거나, 제대로 된 교육을 받지 못해 일할 기회가 없는 유대인만이 이 직업을 선택했을 것입니다.

세리와 죄인의 친구

복음서는 예수가 세리를 보자마자 자신의 제자가 되라고 말한 것처럼 서술했고, 그 세리가 곧바로 예수의 제자가 되었다고 전합니다. 그러나 세리가 다짜고짜 예수를 따르지는 않았을 것입니다. 예수가 세리를 부르는 장면은 어부들을 부른 장면처럼 많은 것을 생략한 연출에 가깝습니다. 어떤 이유인지 확실하지 않지만, 예수는 세리와 함께 식사를 했습니다.

마태복음과 누가복음은 세리의 집에서 식사를 했다거나 혹은 세리가 잔치를 베풀었다고 기록했지만, 보다 오래된 전승을 가진 마가복음은 '그의 집'이라고만 언급할 뿐입니다. 마가복음 2장 1절에 의하면 예수는 자기 집을 갖고 있었습니다. 특별한 언급이 없다면 마가복음에 나오는 '그 집'은 예수의 집을 의미합니다.

아마도 세리가 세금을 걷으러 예수의 집에 찾아왔을 때 그 집에는 예수가 몇몇 제자와 함께 있었고, 모두가 기피하는 그에게 예수가 먼저 함께 식사를 하자고 권했을지도 모르겠습니다. 그 뒤로 그 세리와 예수는 친구처럼 지내며, 결국 그는 예수의 제자들과 같은 추종자가 되었을 것입니다. 돈이 많은 세리가 큰 잔치를 베풀었을지도 모릅니다. 아마 그것은 엄청난 사건으로 주변에 소문이 났을 것입니다("어찌하여 세리 및 죄인들과 함께 먹는가", 마가 2:16). 이 사건은 예수의 별명을 만들어주었습니다.

"세리와 죄인[창녀]의 친구"(마태 11:19; 누가 7:34. Q 자료)

파올로 베로네세, 〈시몬의 집에서 열린 연회〉(1567-1570)

금식은 중요한 종교적 실천이었습니다.

그러나 정작 예수는 금식할 줄 모르는 사람이었습니다.

오히려 그는 잔치를 즐겼습니다.

14장

금식 논쟁

마가 2:18-22; 마태 9:14-17; 누가 5:33-39

세례 요한의 공동체는 금욕적이었습니다. 그들은 자주 금식했을 뿐 아니라, 레위기의 음식 규정보다 훨씬 엄격한 식사를 했습니다(4장 참고). 금식은 세례 요한 공동체뿐만 아니라 일반적인 유대교에서도, 심지어 초기 기독교 공동체에서도 중요한 종교적 실천이었습니다. 그러나 정작 예수는 금식할 줄 모르는 사람이었습니다. 오히려 그는 잔치를 즐겼습니다.

공관복음에 의하면, 예수의 주변 사람들은 종교 운동을 하는 세례 요한이나 바리새인들처럼 금식하지 않는 예수 무리에게 왜 금식하지 않는지 물었습니다. 그 질문은 다소 비꼬는 듯하게 들렸을 것입니다. 예수가 하나님 나라를 설파하고 종교적 메시지를 전한다고는 하나, 사람들의 눈에 예수에게는 금식을 실천하는 등 경건한 모습이 전혀 보이지 않았기 때문입니다. 그러자 예수는 세 가지 비유를 들어 답합니다.

- 첫째, 결혼 잔치에서 '신랑과 함께' 금식할 수 있겠는가? 신랑을 빼앗기면 그때 금식하라.
- 둘째, 새 천 조각을 낡은 옷에 덧대면 어떻게 되겠는가? 옷이 찢어진다.
- 셋째, 새 포도주를 낡은 가죽 부대에 넣으면 어떻게 되겠는가? 가죽 부대가 터진다.

이 대답을 들은 사람들은 '세리와 죄인[창녀]의 친구'라는 별명 외에 또 다른 별명을 예수에게 붙여 주었습니다.

"먹기를 탐하고 포도주를 즐기는 사람"(마태 11:19; 누가 7:34. Q자료)

예수 무리는 가난했을 것이고 과식과 과음을 할 정도로 부유하진 않았을 것입니다. 종종 그의 제자가 된 세리가 잔치를 베풀었다 할지라도 항상 잔치를 열 수는 없었을 것입니다. 예수 무리는 다른 곳에서 어떤 잔치가 열렸을 때 가서 먹고 마시는 일에 개의치 않은 것 같지만, 그것이 유대교 내에서 어떤 문제가 되지는 않았을 것입니다.

유대인들은 특별한 날의 금식을 강조했습니다. 바로 '속죄일'(욤 키푸르)입니다. 다른 때는 몰라도 이날 금식하지 않는 것은 유대인으로서 있을 수 없는 일이며, 큰 논란이 될 수 있었습니다. 예수는 그런 중요한 날에도 금식하기보다는 그저 평범하게, 어쩌면 조금 더 화려하게 의도적으로 먹고 마셨을지도 모르겠습니다. 또한 사람들이 세례 요한과 예수를 비교하며 말한 것은, 예수 스스로가 세례 요한의 제자임을 알렸기 때문일 가능성이 있습니다.

왜 금식하지 않느냐는 사람들의 물음에 예수는 혼인 잔치의 비유를 들며, 금식할 필요가 없다고 선언합니다. 이때 예수는 옛 이스라엘의 예언자 예레미야의 비유들을 염두에 두었을 것입니다(예레미야 7:34, 16:9, 25:10 등). 그런데 예수의 대답 중 '신랑'을 언급하는 설명은 전체적으로 대단히 부자연스럽습니다. 아마 초기 기독교 공동체가 예수의 죽음 뒤에 그제서야 '금식'을 일종의 경건 생활로 새로이 도입하고, 기존의 어록에 '신랑'을 언급하는 교훈을 더했을 것입니다. 예수는 스스로를 '신랑'이라고 생각하지 않았습니다. 예수를 '신랑', 교회를 '신부'에 비유하는 경향은 후대에 생겨난 것입니다.

　세례 요한이 선포한 하나님 나라는 심각한 심판과 관련이 있습니다. 하지만 예수가 선포한 하나님 나라는 승리와 기쁨, 영광의 나라였습니다. 금식은 하나님의 진노와 벌이 임했을 때 하는 것인데 비해, 잔치는 하나님의 사랑과 상이 주어질 때 이루어지는 것입니다. 예수는 양쪽 모두의 의미로 하나님 나라가 가까이 왔다고 생각했지만, 자신의 경우에는 후자에 속한다고 여겼습니다. 그래서 예수는 금식을 중요하게 여기는 사람들을 향해 강력한 두 가지 비유(옷 수선 비유, 포도주 보관 비유)를 들려주었습니다. 이를 통해 예수는 낡은 율법이나 틀로 자신들의 종교를 이해하려고 해봤자 그것이 오히려 찢어지고 파괴될 뿐이라는 메시지를 던지며, 금식에 대한 강요를 단호하게 거부했습니다.

손 마른 사람을 고치는 예수가 표현된 모자이크
(이탈리아, 몬레알레 대성당, 12세기경)

예수는 유대인이었으므로 안식일 규정이 자연스레 몸에 배어 있었고

이를 전적으로 무시하지는 않았을 것입니다.

하지만 분명 예수는 문제가 될 수 있는 발언을 했거나

그런 사건에 휘말렸을 것입니다.

15장

안식일 논쟁

마가 2:23-3:6; 마태 12:1-14; 누가 6:1-11

유대인에게 안식일은 목숨처럼 지켜야 할 전통이었습니다. 안식일을 어기는 것은 돌을 던져 죽여야 할 중범죄였습니다(출애굽기 31:14, 35:2; 민수기 15:32-36). 오히려 안식일을 지키지 않는 것을 상상하기 어려울 정도로, 안식일은 이미 삶의 일부가 되어 아침에 눈을 뜨고 밤에 눈을 감는 것만큼이나 자연스러운 것이었습니다. 복음서는 예수 혹은 제자들이 안식일을 위반한 일에 대해 두 가지의 짧은 일화를 들려줍니다. 하나는 안식일에 제자들이 이삭을 잘라 먹은 사건이고, 다른 하나는 예수가 안식일에 회당에서 한쪽 손이 오그라든 사람을 고쳐준 사건입니다.

첫 번째 이야기입니다. 어느 안식일에 예수와 제자들이 밀밭 사이를 지나고 있었습니다. 그때 (예수가 아닌) '제자들'이 이삭을 잘라 먹었습니다. 그것을 목격한 바리새인들은 예수에게 제자들을 꾸중하라고 말합니다. 그러자 예수는, 다윗도 위급할 때 율법을 어기며 허기를 달랬다고 대꾸한 뒤에 다소 수수께끼 같은 말을 남깁니다.

> "인자는 안식일에도 주인이니라"(마가 2:28)

두 번째 이야기입니다. 어느 안식일에 예수는 가버나움의 한 회당으로 들어갔습니다. 그때 사람들이 거기 있던 '한쪽 손이 오그라든 사람'(모종의 이유로 손이 마비된 환자)을 보며, 예수에게 '안식일에 병을 고치는 것이 옳은지' 물었습니다. 그러자 예수는 이번에도 긴급 상황을 언급하며 안식일에 양이 구덩이에 빠지면 건지지 않겠느냐며 그 손을 고쳐주며 이렇게 되물었습니다.

> "안식일에 선을 행하는 것과 악을 행하는 것, 생명을 구하는 것과 죽이는 것, 어느 것이 옳으냐"(마가 3:4)

공관복음은 이렇게 안식일을 위반한 사건을 본 바리새인들이 예수를 죽일 마음을 먹었다고 전합니다. 그러나 이 두 사건은 실제 사건이 아니라 만들어낸 이야기일 확률이 높습니다.

첫 번째 이야기를 살펴봅시다. 제자들 역시 유대인이었기 때문에, 제자들만이 안식일을 어기며 밀 이삭을 먹었을 리가 없습니다. 설사 그랬다 한들 (실제로 돌에 맞아 죽을 확률이 높지는 않았을지라도) 다른 유대인들에게 뻔히 보이는 곳에서 고발당하는 것을 각오할 만큼 배고픔을 참지 못하지도 않았을 것입니다.

두 번째 이야기처럼 병든 손이 낫는 이야기는 구약성서에도 간혹 나오는 것으로(출애굽기 4:6-7, 열왕기상 13:6 등), '하나님의' 능력을 보여주기 위한 창작이었을 것입니다. 혹은 안식일에 누군가가 예수에게 '치료'를 부탁함으로서 '안식일을 위반'하는 분위기를 형성했을 수도 있습니다. 역사비평의 관점에서 보면, 예수를 '안식일 위반'으로 비난하고 고발하는 내용의 전승은 찾아볼 수 없습니다.* 고대 랍비 유대교도 '생명을 위한다면' 안식일 위반으로 간주하지 않습니다. 공관복음에 안식일로부터의 자

---

* 엄밀히 말해 비록 회당장이 화를 내긴 했지만, 예수가 안식일에 병을 고친 것이 안식일 위반이라고까지는 말하지 않습니다(누가 13:14 참고).

유가 강조된 것은 금식 관행과 마찬가지로 초기 기독교의 특징이 반영된 것이라고 할 수 있습니다.

예수는 유대인이었으므로 안식일 규정이 자연스레 몸에 배어 있었고, 이를 전적으로 무시하지는 않았을 것입니다. 적어도 유대-기독교인들이 여전히 절기를 중요하게 생각했다는 것을 바울의 편지를 통해 확인할 수 있습니다(갈라디아서 4:10 참고). 하지만 분명 예수는 문제가 될 수 있는 발언을 했거나 그런 사건에 휘말렸을 것입니다. 예를 들어 어떤 맥락에서 그렇게 말했는지 확실치 않으나, 예수는 "인자**는 안식일의 주인이다"라고 말했습니다. 그리고 "안식일에 선을 행하는 것"에 대한 독자적인 교훈을 퍼트렸을 것입니다. 때때로 그런 예수의 가르침에는 율법대로 판단하기 애매한 것들도 포함되었을 것이고, 예수는 그 모든 경우에 제한을 두지 않았을 확률이 높습니다.

** '인자'(人子, 사람의 아들)은 제2성전 유대교에서 종말론적인 천상의 메시아를 가리키는 표현이지만, 아람어로는 단순히 '사람'을 가리키는 표현일 수도 있습니다. 공관복음에서는 이 칭호가 매번 같은 뜻으로 사용되지는 않습니다. 그러나 여기에서는 '사람'을 가리킨다고 보는 것이 문맥에 더욱 어울립니다(마가 2:27 참고).

자메 티소, 〈사도들에게의 가르침〉(1886-1894)

예수는 자신에게로 조금씩 몰려드는 사람들을 보며

스스로 새로운 이스라엘 민족을 세워야 할 사명을 느끼고

'열둘'을 의도적으로 선택했을 것입니다.

16장

예수의 제자(III): 열두 제자

마가 3:13-19; 마태 10:1-4; 누가 6:12-16

복음서는 예수가 자신에게로 모인 사람들 중 의도적으로 '열둘'을 세웠다고 전하며, 그들의 이름을 모두 가르쳐 줍니다. 가장 먼저 예수를 따라온 어부 넷, 세리 한 명, 거기에 일곱 명이 더 있습니다. 그 목록은 다음과 같습니다.

- 어부: '시몬'(그의 별명 '베드로'는 '바위'라는 뜻으로, 아람어로는 '게바')과 그의 형제 '안드레', 세베대의 두 아들 '야고보'와 '요한'(그들의 별명 '보아너게'의 뜻은 '우뢰의 아들들')
- 세리: 알패오의 아들 '레위'(다른 이름으로는 '마태')

- 열심당(가나나인): '시몬'
- 직업이 알려지지 않은 나머지 제자들: '빌립', '바돌로매', '도마', 알패오의 아들 '야고보', '다대오'(다른 이름으로는 '유다', 야고보의 아들 혹은 형제), 가룟 '유다'(배신자)

마가복음에 기록된 제자들의 이름 순서에는 분명한 의도가 있습니다. 마가복음은 다른 두 복음서와 달리 시몬의 형제인 '안드레'의 위치를 다르게 두었습니다. 마태와 누가는 그 의도를 잊고, 일반적인 순서대로(형제끼리 묶어) 나열했습니다.

예수 무리의 '이너 서클'

마가복음 전승에 등장하는 제자들의 이름을 봅시다. 시몬 베드로가 가장 먼저 나오고, 그 다음으로 세베대의 아들들 야고보와 요한이 등장합니다. 가장 먼저 등장하는 셋에게는 예수가 직접 지어준 별명이 있습니다. 이 세 명의 제자가 예수와 친밀한 관계였다는 것을 알 수 있습니다. 그러나 시몬의 형제인 안드레부터는 그저 이름을 나열하고 있을 뿐입니다.

"안드레와 빌립과 바돌로매와 마태와 도마와 알패오의 아들

야고보와 및 다대오와 가나나인 시몬이며"(마가 3:18)

이들과 예수의 사이가 어땠는지는 알 수 없습니다. 만약 저 목록에서 등장하는 '알패오'가 '레위'의 아버지와 동일 인물이라면 레위(마태)와 야고보는 형제이며, 다대오(유다) 역시 이들과 형제 또는 부자 관계입니다. 이것이 맞다면 알패오 집안 사람 셋이 한꺼번에 예수의 무리에 들어온 것입니다. 가나나인 시몬, 빌립, 바돌로매, 도마, 가룟 유다 등이 서로 어떤 관계인지는 알 수 없습니다. 요한복음에는 이들에 대한 이야기가 다소 나오지만, 역사적으로 신뢰하기는 매우 어렵습니다.

확실한 것은 저들 중 예수가 직접 별명을 지어준 셋(베드로, 야고보, 요한)은 열둘 중에서도 특별히 더 친밀한 그룹, '이너 서클'(inner circle)을 이루었음이 분명합니다. 안드레 역시 본래 '이너 서클'에 속했을 확률이 높습니다(마가 13:3; 요한 12:21 참고). 그러나 자신의 형제 시몬 베드로만큼 예수와 가깝지는 않았고, 단지 자기 형제를 따라온 정도의 열정이었던 것 같습니다. 그래서 그는 이너 서클에서 조금씩 멀어졌을지도 모릅니다(독특하게도 '안드레'는 '빌립'과 더불어 다른 이름과 달리 그리스식 이름입니다).

열심당(젤롯파)

제자들의 목록에는 흥미로운 이력이 보입니다. 예수의 제자 중에는 '열심당'(젤롯파)도 있었습니다. 이들은 정치적 저항을 행동으로 옮긴 유대인들의 분파로, 요세푸스는 이들의 기원을 다음과 같이 설명합니다.

요세푸스에 따르면, 총독 퀴리니우스가 유대인들의 재산을 조사했을 때(누가 2:1-3 참고) 갈릴리의 유다라는 사람이 나타나 사람들을 독려하여 부당한 억압에 저항했다고 합니다. 그에게는 두 아들 야고보와 시몬이 있었습니다. 그때 유대 지역을 다스리던 총독 티베리우스 율리우스 알렉산데르는 그 두 아들을 십자가에 처형했습니다(요세푸스는 갈릴리의 유다의 죽음을 언급하지 않지만, 아마도 이때 함께 처형당했을 것입니다). 이들의 정신을 뒤이은 자들이 바로 열심당이라는 것입니다. 요세푸스는 다소 노골적인 비난조로 이들을 대중이나 다른 운동과 구별하여 '유대교의 네 번째 분파'라고 이야기합니다.

그런 이력을 가진 '가나나인 시몬'이 예수를 따라왔습니다(히브리어 '카나이'는 '열심'을 뜻하기에 '가나나인'은 열심당원으로도 해석될 수 있습니다). 그가 어쩌다가 정치 운동이 아닌 예수 운동을 선택했는지는 알 수 없지만, 그가 예수의 초기 열두 제자 중 한 사람이었다는 사실은 초기 기독교인들에게 매우 당혹스러운 내용이었습니다. 그러나 무엇보다 가장 치명적인 것은 이 목록에 훗날 배신자가 될 가룟 유다라는 사람이 있다는 점입니다(마가 3:19). 예수가 직접 선택한 사람 중에 배신자가 있었다는 것은 예수가 보잘것없는 나사렛 출신이라거나 세례 요한에게서 세례를 받았다는 사실보다 훨씬 당혹스러운 소문이 되었을 것이므로, 초기 기독교인들이 이를 굳이 지어낼 이유가 전혀 없습니다.

그가 맨 마지막에 나열되는 것으로 미루어 보아 이 목록은 어떤 의도가 반영된 실제 초기 예수 무리의 명단이 있었을 확률이 높습니다. 예수는 자신에게로 조금씩 몰려드는 사람들을 보며, 스스로 새로운 이스라엘 민족을 세워야 할 사명을 느끼고 이스라엘의 열두 지파를 의식하며 '열둘'을 의도적으로 선택했을 것입니다. 그리고 예수는 분명 그들에게 놀라운 약속을 했을 것입니다.

> "내가 진실로 너희에게 이르노니 세상이 새롭게 되어 인자가 자기 영광의 보좌에 앉을 때에 나를 따르는 너희도 열두 보좌에 앉아 이스라엘 열두 지파를 심판하리라"(마태 19:28; 누가 22:30. Q 자료)

알렉상드르 비다, 〈예수의 어머니와 형제들〉(1873)

자신을 여전히 귀신이 들렸거나

미쳤다고만 여기는 가족에게

예수는 큰 상처를 받았을 것입니다.

17장

예수의 가족(II)

마가 3:20-21, 31-35; 마태 12:46-50; 누가 8:19-21

예수는 이미 고향을 떠나 가버나움에 자리를 잡았습니다. 그런데 어느 날, 어떻게 알았는지 예수의 가족이 소문을 듣고 가버나움까지 예수를 찾아왔습니다. 그를 지지하고 응원하기 위해서 온 것은 아니었습니다. 예수의 가족은 예수가 미쳤다고 생각했습니다(마가 3:21). 그래서 집 나간 맏아들인 그를 다시 데려오기 위해 온 가족이 나선 것입니다.

그때 예수는 가버나움의 자기 집에 사람들을 모아놓고 연설을 하던 중이었습니다. 예수의 가족들은 그를 찾아내어 그의 집까지 왔습니다. 그러나 복음서의 기록처럼 연설 중인 예수를 본 가족들이 정중하게 누군가에게 부탁해서 '고향에서 가족들이 찾아왔다'고 말을 전해달라고 부탁했을 리는 없습니다. 아마도 예수의 가족들은 그들이 듣기에 정신 나간 소리를 하는 장남이 부끄러웠을 것입니다(주변 사람 일부도 예수가 귀신이 들렸다고 비난했습니다). 그래서 예수가 사람들 앞에서 연설하는 도중, 그를 보자마자 데리고 나오려고 하다가 몸싸움이 일어났을 상황을 충분히 상상해 볼 수 있습니다.

누가 내 가족이냐

아마 예수는 그런 가족들이 야속했을 것입니다. 고향에서도 무시받았을 뿐 아니라 심지어 멀리 떨어진 가버나움에서까지 많은 사람이 여전히 자신을 손가락질했지만, 그래도 여기서 열심히 설교하여 한 사람 두 사람에게 인정받기 시작했는데, 자신을 여전히 귀신이 들렸거나 미쳤다고만 여기는 가족에게 큰 상처를 받았을 것입니다. 결국 예수는 그 자리에서 이렇게 소리쳤습니다.

"누가 내 어머니이며 내 동생들이냐"(마가 3:33)

그리고 예수는 바로 여기 가버나움의 자기 집에서 자신을 인정해주고 연설을 진심으로 들어 주는 사람들이 자신의 가족이라고 선언했습니다. 공관복음은 예수의 이 말을 다양한 전승으로 전달합니다.

"누구든지 하나님의 뜻대로 행하는 자가 내 형제요 자매요 어머니이니라"(마가 3:35)
"내 어머니와 내 동생들은 곧 하나님의 말씀을 듣고 행하는 이 사람들이라"(누가 8:21)

눈여겨보아야 할 것은 이 말에 '아버지'가 없다는 점입니다. 위 구절에서 보듯 공관복음은 공통적으로 예수가 자신의 '어머니와 형제자매'를 가족 구성원으로 선언했다고 전달합니다. 즉 예수 자신에게 있어서 생물학적 아버지가 가족 구성원으로서 중요하지 않았다는 것입니다. 언뜻 보면 단순히 요셉이건 누구건 아버지 역할을 할 사람이 예수를 찾으러 오지 않았기에, 다시 말해 그 자리에 없었기에 가족들 들으라고 한 말이었을 수도 있습니다.

하늘에 계신 내 아버지

하지만 마태복음을 보면, 위의 두 복음서가 전하는 말보다 심오한 예수의 심정이 드러난 것을 볼 수 있습니다.

> "누구든지 하늘에 계신 내 아버지의 뜻대로 하는 자가 내 형제
> 요 자매요 어머니이니라"(마태 12:50)

"하늘에 계신 '내' 아버지". 이는 예수의 특별한 어법
입니다. 예수는 하나님을 '아버지'라고 부르되 자신과의
특별한 관계를 드러내기 위해 언제나 '나의' 아버지라고
말했습니다. 예수가 생각하는 새로운 가족의 아버지는 다
름아닌 '하늘에 계신 내 아버지'였습니다(예수를 찾아온 가
족 중에 요셉은 없었을 것이고, 마리아가 재혼을 했다는 전승도
없습니다. 아마도 차남 야고보가 어머니 마리아와 동생들을 이끌
었을 것입니다).

예수의 이 말은, 예수 주변인뿐 아니라, 이후 초기 기
독교 공동체 내에서 가족으로부터 다양한 이유로 버림받
은 여러 사람들에게 결속력과 연대감을 갖게 만들었을 것
입니다.

도메니코 마조토, 〈보고 듣지 못하는 사람을 고치는 그리스도〉(18세기경)

중요한 것은

귀신을 쫓아내는 예수의 능력이 비난을 받았다는 점입니다.

달리 말하면 이러한 비난은 예수가

기적과 치유, 엑소시즘에 제법 능했다는 것을 보여줍니다.

18장

바알세불 논쟁

마가 3:22-30, 7:31-37; 마태 9:32-34, 12:22-32; 누가 11:14-23, 12:10

예수의 축귀 능력을 비난하다

언제나처럼 예수는 귀신을 쫓아내는 사역을 하고 있었습니다. 그런데 마가복음에 따르면 예루살렘에서 '서기관'이 그 소문을 듣고 예수를 찾아왔다고 합니다. 그리고 그들은 예수가 귀신을 쫓아낸 것을 두고 예수에게 귀신의 왕 "바알세불이 들렸다" 혹은 "더러운 귀신이 들렸다"고 비난했습니다.

하지만 귀신을 쫓아내는 것 자체는 유대교에서도 받아들일 만한 일이었고, 율법을 어기는 것도 아니었기에 문제를 삼을 수 없었습니다. 마태복음과 누가복음이 공유하는 내용은 마가복음보다 이 사건을 더욱 잘 보여줍니다. 마가복음에는 '서기관'이 예수를 찾아왔다고 기록되어 있는데, 예루살렘에 있어야 할 서기관이 뜬금없이 먼 갈릴리에 있는 예수를 찾아와 무언가를 지적할 리가 없기 때문입니다(반면 마태복음은 '바리새인'이 예수를 찾아왔다고 이야기합니다). 또한 마가복음에는 예수를 배척하는 분위기를 고조시키기 위해 의도적으로 내용을 배치한 흔적이 엿보입니다. 마가복음 3장의 구조를 살펴보면 예수가 인기를 얻어감에 따라 견제 또한 받는다는 것을 보여주는 구성임을 알 수 있습니다.

특히 마태복음은 '바리새인'들이 예수를 찾아와 비난했다고 하나, 바리새인들 역시 엑소시즘(축귀)을 행하고 다녔습니다(마 12:27 참고). 예수가 바알세불의 힘을 빌려 귀신을 쫓는다고 말한 것은 바리새인들이 아니라 아마도 가버나움의 평범한 동네 사람들이었을 것입니다(레위기 19-20장에 의하면 이것은 당장에 돌에 맞아 죽을 비난이었습니다. 그러나 그 명목으로 예수가 예루살렘에서 비난을 듣진 않았습니다. 오히려 기독교 이후 유대교에서 예수에 대한 이런 비난이 강했습니다).

귀신의 왕으로 여겨지는 '바알세불', '벨제붑' 혹은

'베엘제불'이 무슨 뜻인지는 명확하지 않습니다. 이 단어는 '질병의 신'을 의미할 수도 있습니다. 어쨌거나 중요한 것은 귀신을 쫓아내는 예수의 능력이 비난을 받았다는 점입니다. 달리 말하면 이러한 비난은 예수가 기적과 치유, 엑소시즘에 제법 능했다는 것을 보여줍니다.

예수의 치료 행위

이 장면에서 예수는 '말을 못하게 하는 귀신'을 쫓아냈습니다. 아마도 이 사건의 진상을 더 잘 보여주는 것은 마가복음 7장일 것입니다. 마가복음은 예수의 매우 구체적인 치료 행위를 전해줍니다.

> "예수께서 그 사람을 따로 데리고 무리를 떠나사 손가락을 그의 양 귀에 넣고 침을 뱉어 그의 혀에 손을 대시며 하늘을 우러러 탄식하시며 그에게 이르시되 에바다 하시니 이는 열리라는 뜻이라 그의 귀가 열리고 혀가 맺힌 것이 곧 풀려 말이 분명하여졌더라."(마가 7:33-35)

예수가 실제로 어떤 치료를 했는지 구체적으로 남아 있는, 어찌 보면 거의 유일한 장면이라고 할 수 있습니다. 예수는 아무도 보지 않는 곳으로 그를 데려갔습니다. 그리고 손가락을 그의 양 귀에 넣었습니다. 얼마나 오래, 얼마나 세게, 얼마나 많이 반복했는지는 모릅니다. 그리고 예수는 침을 그의 혀에 발랐습니다. 이 역시도 구체적인 것은 알 수 없습니다. 다음으로 예수는 주문을 외웁니다. '열려라!' 이것도 얼마나 많이, 얼마나 크게 외쳤는지는 알 수 없습니다. 그러나 놀랍게도 그는 실제로 고침을 받은 것 같습니다. 흥미롭게도 이렇게 환자에게 침을 발라 병을 고친 이야기가 더 전해지는데, 수에토니우스와 타키투스는 각각 베스파시아누스 황제가 침을 뱉어 시각장애를 없애주었다는 기록을 전합니다.

예수를 찾아온 여러 환자들 중에는 일시적이거나 국소적인 문제가 있던 환자들이 있었을 것이고, 예수의 민간요법이 성공할 때도 있었을 것입니다. 그중 가장 큰 사건 하나가 바로 이 치유 사건이었습니다. 하지만 예수는 오히려 귀신의 힘을 빌려서 기적을 행한다는 비난을 듣기 시작했습니다. 악령도, 치유도, 기적도 다 믿었지만, '예수가 그 일을 한다'는 사실을 껄끄럽게 생각했던 사람들이 있었기 때문입니다. 아마도 예수가 때때로 율법을 어기고, 가족들에게서도 비난을 듣는 모습을 보고 나니, 그런 선입견이 형성되었을 것입니다.

그러나 예수는 확고하게 자기 자신을 확신하며 논리

를 펼쳤습니다.

- 첫째, 사탄이 사탄을 쫓아낼 수 없다.
- 둘째, 사탄이 쫓겨나는 것으로 미루어 보아, '하나님 나라
  는 너무 가까이 왔다'('이미 임하였다'는 것과 같은 의미*).

정확히 말하자면, 예수는 자신의 손가락이 그 일을 했
다고 스스로 믿었습니다.

> "내가 만일 하나님의 손가락(즉 예수의 손가락)을 힘입어 귀신
> 을 쫓아낸다면 하나님의 나라가 이미 너희에게 임하였느니
> 라."(누가 11:20)

---

* 요한네스 바이스, 『예수가 선포한 하나님 나라』(수와진) 17-20 참고.

대 피터르 브뤼헐, 〈씨 뿌리는 사람의 비유〉(1557)

예수는 복잡한 율법 이야기나

현학적인 철학 이야기를 할 줄 몰랐습니다.

예수의 비유는 모두

자신이 보고 듣고 경험한 것에 근거합니다.

19장

예수의 비유(I): 예수가 가르친 방식

마가 4:33

예수의 교육 수준

어린 시절 예수는 제대로 된 교육을 받지 못했습니다. 예수는 제자들에게서 '랍비'(선생)로 불리긴 했으나, 그것은 예수를 따라 몰려다니던 무리가 존경의 의미를 담아 부른 호칭에 가까운 것이었습니다. 예수가 다른 율법학자들(가말리엘 등)처럼 스승에게서 교육을 받고 '안수'를 받아(일종의 졸업 증명) 자격을 갖추었다고 볼 수는 없습니다.

　　1세기 팔레스타인의 유대교 사회에서 교육은 주로 아버지의 몫이었습니다. 그래서 아마도 예수는 그런 교육을 받을 기회가 없었던 것 같습니다. 집안의 맏형인 예수에게는 자기를 이끌어줄 형도 없었습니다. 팔레스타인에는 그리스 문화의 영향을 받은 교육 기관이 곳곳에 있었지만, 당시 사람들도 그 존재를 잘 몰랐던 시골 마을 나사렛에 그런 교육 기관이 있었을 확률은 거의 없습니다. 물론 아람어 교육을 해줄 수 있는 사람들은 있었을 것입니다. 교육 기관은 없었겠지만 나사렛에도 작은 회당은 있었을 테니, 거기에서도 예수는 여러 가지를 듣고 배웠을 것입니다. 유대 전통에 따라 종종 예루살렘으로 순례를 가서 많은 것을 보고 들었을 수도 있겠지만, 아마도 시골 사람들에게는 명절 순례도 쉬운 일이 아니었을 것입니다.

아마 예수는 세례 요한으로부터 많은 것을 배웠을 것입니다. 그래서 예수는 율법에 비교적 자유로울 수 있었고, 그토록 신선한 종교를 주장할 수 있었던 것일지도 모릅니다.

비유로 가르치다

예수의 가르침은 주로 '비유'의 형태를 띠었습니다.

> "예수께서 이러한 많은 비유로 그들이 알아들을 수 있는 대로 말씀을 가르치시되"(마가 4:33)

예수의 '비유'는 '알레고리'(allegory)와는 다릅니다. 알레고리는 일종의 상징 기호로 진리를 감춘 것으로, 보통 사람들이 쉽게 알아들을 수 없게 하며 오직 '내부자들'에게만 풀이를 통해 감추어진 진리를 전달하는 방식입니다. 이와 달리 '비유'는 그러한 특별한 풀이가 없어도 듣는 사람 누구나 쉽게 알아들을 수 있게 하는 방식입니다.

예수는 복잡한 율법 이야기나 현학적인 철학 이야기를 '할 줄 몰랐습니다'. 하지만 그에게는 자신감이 있었습니다. 예수는 하나님과의 유일무이하고 특별한 관계가 자신에게 있다고 분명하게 믿었기 때문입니다. 그는 자신의 경험과 주변 환경, 그리고 일상적인 것을 소재로 하여 가르치는 것을 즐겼습니다. 예수의 비유는 모두 자신이 보고 듣고 경험한 것에 근거합니다.

예수는 많은 비유를 말했을 것이고, 이러한 비유는 예수의 거의 유일한 가르침의 방식이었습니다. 예수의 비유는 어렵지 않았기 때문에 그가 말한 많은 비유는 사람들의 기억 속에 간직되고 전승되었을 확률이 높습니다. 하지만 유감스럽게도 복음서에 기록으로 남은 그의 비유가 순수한 형태로 전달된 것은 아닙니다. 비유가 어려워서가 아니라, 초기 기독교 공동체가 여러 가지 의도로 예수의 비유를 제법 손댔기 때문입니다(심지어 창작된 비유가 있을 가능성도 배제할 수 없습니다). 복음서에 남아 있는 비유 중 어떤 것이 예수의 비유인지, 한 비유에 진짜 예수의 말이 어느 정도 포함된 것인지 정확히 말하기란 매우 어렵습니다. 게다가 예수의 비유는 전승 과정에서 원래의 맥락에서 떨어져나오기도 했을 것이고, 그래서 초기 기독교 공동체가 그 의미를 알아채지 못한 경우도 있었을 것입니다. 그래서 초기 기독교 공동체는 예수의 비유를 종종 '알레고리'로 바꾸어놓기도 했습니다.

예수의 비유를 이해하는 방법

예수의 비유를 이해하기 위해 우리는 최소한 세 가지 기준을 세울 수 있습니다. 이러한 기준을 적용하는 것은 무엇이 진짜 예수의 비유가 맞는지를 밝혀내는 '적극적인' 방법은 아닙니다. 무엇이 예수의 것이 아닌지를 밝히는 '소극적인' 방법입니다.

첫째, 다시 강조하건대 예수의 비유는 '알레고리'가 아닙니다. 예수는 복음서에 남아 있는 몇 가지 비유처럼, 특정 집단만 알아들을 수 있는 암호 같은 가르침을 전달하지 않았습니다. 많은 사람에게 하나님 나라를 선포한 예수는 오히려 (자신을 포함하여) 교육을 받지 않은 '누구라도 알아들을 수 있는 말'로 전하고자 했고 그래서 '비유'라는 방식을 선택했습니다. 예수의 비유 일부가 마치 '감추어진' 것처럼 묘사된 것은 실제 예수의 비유와는 거리가 있습니다. 그러한 묘사에는 그의 비유를 코웃음치며 무시한 사람들을 비판하려는 의도와, 왜 예수의 비유를 듣고서도 많은 유대인이 예수의 제자나 추종자가 되지 않았는지를 해명하려는 초기 기독교 공동체의 의도가 담겨 있습니다.

둘째, 예수의 비유의 주제는 '예수 자신'이나 '교회'가 아니라 '하나님' 혹은 '하나님 나라'입니다. 예수가 평생에 걸쳐서 가르친 것은 자기 자신이 아니라 하나님과 그분의 임박한 나라였습니다.

셋째, 예수의 비유는 '새로운 것'이었습니다. 예수가 가르친 하나님 나라는 기존의 '유대교'에 속한 것도 아니었고, '교회'에 속한 것도 아닙니다. 예수는 임박한 혹은 이미 시작된 하나님 나라에 대해 선포했습니다.

Exiit qui feminat
feminare femen fuum

Omē humanū genus
a Deo vocatū est sed
dicti in Xpiana fide
plevicantes tantum
modo saluantur

Aliud cecidit
secus viam

Aliud cecidit
super petram

Aliud cecidit
inter spinas

Aliud cecidit
in terram bonam

헤라트 폰 란츠베르크의 책 〈호르투스 델리치아룸〉의 삽화(1180년경)

예수가 염두에 둔 '열매'가 무엇인지 우리는 알 수 없습니다.

다만 분명한 것은 예수의 비유가

'보람 있는 결과를 기대하라'는 메시지를 담고 있다는 점입니다.

20장

예수의 비유(II): 씨

마가 4:3-9(마태 13:3-9; 누가 8:5-8),
26-29, 30-32(마태 13:31-32; 누가 13:18-19)

예수는 '씨'와 관련된 여러 가지 비유를 말했습니다. 아마도 예수 자신이 농기구를 만드는 사람으로서 농사에 익숙했기에 그런 비유를 많이 이야기한 것 같습니다. 마가복음에는 많은 비유가 나오지 않습니다. 사실상 마가복음의 비유는 4장에 다 모여 있는데, 모두 '씨'와 관련되어 있습니다. 마가복음 4장에는 예수가 제자들에게만 풀어주는 소위 '은밀한 해석'도 기록되어 있는데, 이것은 실제 예수의 말이 아니었을 것입니다. 예수는 누구나 알아들을 수 있는 직관적인 비유만을 말했습니다.

세 가지 '씨 비유'

첫 번째 비유는 '씨 뿌리는 사람'의 비유입니다(마가 4:3-9). 한 농부가 씨를 뿌리러 나갔는데, 그 씨가 네 종류의 땅에 뿌려졌습니다. 먼저 '길바닥'에 떨어진 씨가 있습니다. 이는 새들이 다 쪼아먹었습니다. '돌밭'에 떨어진 씨가 있습니다. 돌밭은 흙이 깊지 않아서 씨가 뿌리를 내리지 못했고, 싹이 나왔으나 이내 말라 죽고 말았습니다. 다음으로 '가시떨기 나무들이 있는 땅'에 떨어진 씨가 있습니다. 그 씨는 뿌리를 깊게 내렸지만 가시떨기 나무들이 씨가 자라는 것을 방해했습니다. 끝으로 '좋은 땅'에 떨어진 씨가 있는데, 이 씨는 잘 자라서 수십 배, 많게는 백 배의 열매를 맺었습니다(도마복음은 최대 120배라고 표현합니다).

두 번째 비유는 간단합니다. 씨를 뿌리면 사람이 그 씨가 자라는 것을 볼 수는 없지만 시간이 흐르면 점점 싹이 나고 열매가 맺힌다는 것입니다(마가 4:26-29).

세 번째 비유는 '겨자씨' 비유입니다. 겨자씨는 아주 작은 씨입니다. 하지만 자라면 새들이 찾아올만큼 커진다는 내용입니다(마가 4:30-32). 이 비유에는 이상한 점이 있습니다. 실제 겨자는 새가 깃들 만큼 큰 나무가 아니라 작은 풀입니다. 예수는 농기구를 만드는 사람으로서 식물에 대해 잘 알고 있었을 것입니다. 크게 자란 겨자에 '새들이

깃든다'는 마가복음 4장 32절의 표현은 다니엘서 4장 12
절을 염두에 둔 표현이며, 이는 복음서 저자가 예수의 말
을 신학적으로 각색한 것일 가능성이 높습니다.

씨 비유의 의미

이러한 마가복음 4장의 세 가지 씨 비유는 모두 일관
성 있는 메시지를 전합니다.

- 씨를 뿌리면 많은 열매를 맺는다(마가 4:20).
- 씨를 뿌리면 반드시 열매를 맺는다(마가 4:28).
- 작은 씨를 뿌리면 크게 자란다(마가 4:32).

예수는 지금 하는 일이 씨를 뿌리는 것과 같다고 제자
들을 격려했습니다. 예수가 염두에 둔 '열매'가 무엇인지
우리는 알 수 없습니다. 다만 분명한 것은 예수의 비유가
'보람있는 결과를 기대하라'는 메시지를 담고 있다는 점
입니다. '겨자씨'도 마찬가지입니다. 이 겨자씨가 무엇을
뜻하는지 여러 해석이 있지만, 결국 '작은 겨자씨처럼 지
금 하는 일이 작게 보이지만 그 잠재력은 매우 크고, 결국
수많은 사람을 이롭게 할 것이라는 기대를 가지라'는 의
도와 멀지 않습니다.

사역을 시작한 뒤로 예수는 사람들에게 알려졌지만, 정작 그의 제자로 따라오는 사람은 극소수였습니다. 누가복음은 다른 복음서에 언급되지 않는 70인 혹은 72인의 전도대(누가 10장)를 예수가 파송했다고 보고합니다. 하지만 이는 매우 과장된 것이며, 특히 70은 분명히 어떤 문학적·신학적 의도가 있는 숫자입니다(모세와 장로, 산헤드린 의원의 수, 칠십인역 성서 번역자의 수 등). 실제로 결국 예수와 함께한 제자들은 그 절반도 안 되었을 것입니다. 갈릴리 초기 사역에서 예수 곁에 모인 사람은 아직도 여전히 네다섯 명, 최대한으로 늘려도 열두 명 정도였습니다. 예수 시대 가버나움의 인구를 약 1,000–1,500명 정도로 추정한다면, 100분의 1도 되지 않았습니다. 당시 팔레스타인 지역의 인구는 50–60만 명이었습니다.

그 넓은 지역에, 그 많은 사람 모두에게 하나님 나라를 선포한다는 것이 과연 가능한 일인지, 아직은 일용직으로 하루 벌어 하루 먹고살아야만 했던 제자들에게 용기를 북돋우기 위해 예수는 '씨 비유'를 전해주었습니다. 그 비유를 들은 예수의 몇 안 되는 제자들은 자신들이 하는 일이 이루어 낼 놀라운 일을 그 비유에 기대어 상상하며 다시 한 번 마음을 다잡았을 것입니다.

렘브란트 반 레인, 〈갈릴리 호수의 풍랑〉(1633)

풍랑 가운데서 예수를 신뢰하면 두려워할 것 없다는

부활절 이후의 초기 기독교 신앙이

이 이야기에 담겨 있습니다.

21장

갈릴리 호수의 예수(I)

마가 4:35-41; 마태 8:23-27; 누가 8:22-25

공관복음은 어느 날 예수와 그 제자들이 배를 타고 갈릴리 호수를 지나갈 때 큰 풍랑을 만났다고 전합니다(마가복음은 갈릴리 호수라고 직접 언급하지 않습니다). 그때 제자들은 겁을 먹었지만, 예수는 전혀 그러지 않았습니다. 예수는 오히려 잠을 자고 있었습니다. 제자들은 예수를 깨웠습니다. 그러자 예수는 눈을 뜨고 일어나 풍랑을 꾸짖어 잠잠하게 만들었습니다. 그리고 믿음이 없어서 두려워하는 제자들을 책망했습니다.

사실 갈릴리 호수는 그렇게 큰 호수가 아닙니다. 어

부들이 강한 풍랑을 전혀 예측하지 못하고 대처하지 못하지도 않았을 것입니다. 아마도 이 구절은 '바다의 풍랑'과 연관된 구약성서나 그리스-로마의 전설 속 이야기들*을 모티브로 해서 만들었을 것입니다. 비록 인생의 괴롭고 힘든 순간이 바다의 사나운 풍랑과 같을지라도, 그 풍랑 가운데서 예수를 신뢰하면 두려워할 것 없다는 부활절 이후의 초기 기독교 신앙이 이 이야기에 담겨 있습니다.

이 이야기 속에서 예수의 실제 모습을 슬쩍 엿볼 수 있습니다. 예수의 주요 활동 무대인 가버나움은 (때로 '갈릴리 바다'라고도 불린) 갈릴리 호수 주변이었습니다. 갈릴리 호수의 둘레는 약 53km 정도였고, 호수 주변 다른 마을이나 도시로 이동할 때는 배를 타야 했습니다. 예수는 자신의 활동을 위해서 호수 주변을 돌아다녔을 것입니다. 가까운 곳은 걷기도 했겠지만 때로는 배를 타고 이동해야 했습니다. 다행히 예수의 제자들이 어부 출신이었으니 배를 구하는 것도, 배를 타고 호수를 건너는 것도 크게 어렵지 않았을 것입니다.

그렇게 이동 중 예수는 잠이 들었고, 그렇게 크지 않은 갈릴리 호수에도 어느 정도 세찬 바람이 불고 파도가

* 요나서, 바다를 모티브로 하는 구약성서의 시들, 욥기, 호메로스의 〈오디세이아〉, 포르피리오스가 전한 피타고라스 일화 등

일었을 수 있습니다. 마가복음에 의하면 흥미롭게도 이 때 제자들은 예수를 '선생님'**이라고 부릅니다. 마태복음 과 누가복음은 이 호칭을 불편하게 여기고 '주님'('퀴리오 스')으로 고친 듯합니다. 그러나 예수를 '선생님'이라고 부른 것이 더욱 실제에 가깝고 자연스럽습니다. 이때 제 자들은 다소 의미심장하게 외칩니다.

> "선생님이여 우리가 죽게 된 것을 돌보지 아니하시나이까?"
> (마가 4:38)

마가복음의 제자들은 마태복음이나 누가복음이 전하 는 것과는 사뭇 다른 태도를 보입니다. 마태복음과 누가 복음에서 제자들은 어찌할 줄 모르는 모습이지만, 마가복 음에서는 그렇지 않습니다. 이미 거센 풍랑이 닥쳐와 '배 에 물이 들어온 상황'입니다. 힘을 합쳐서 물을 퍼내는 등 조치를 취해야 합니다. 그러나 예수는 멀미가 났든지, 아 니면 다른 이유로 어찌할 줄을 몰랐을 것입니다. 아마 제 자들 입장에서는 아무리 선생이라도 이런 상황에서 힘을 합치지 않으면 죽는다는 것을 알리지 않을 수 없었을 것

** 이때 '선생님'은 그리스어로 '디다스칼로스'입니다. 이는 아람어 '랍비'
를 번역한 것으로 볼 수 있습니다.

입니다(어부 출신 제자들은 이런 상황에 익숙했을 것입니다. 날씨가 심각했다면 배를 띄우지 않았을 것입니다).

동시에 예수는 자신이 이미 하나님과 특별한 관계 속에 있는, '하나님의 아들'이라는 자의식을 갖고 있었습니다. 그래서 그는 거센 바람과 파도를 향해 계속해서 크게 소리쳤을 것입니다.

> "잠잠하라! 고요하라!"(마가 4:39)

중간에 풍랑이 멈추었을 수도 있고, 가까운 어딘가에 배가 정박했을지도 모르겠습니다(마가 6:51; 마태 14:32; 요한 6:21 참고). 어쨌거나 그들은 풍랑과의 사투 끝에 살아남았습니다. 예수와 제자들은 이러한 풍랑은 악마가 일으키는 것이라고 믿었을지도 모르겠습니다. 실제로 당시에는 많은 사람이 그렇게 믿었습니다. 그런 의미에서 예수는 풍랑을 일으키는, 풍랑보다 더 큰 존재인 악마와도 싸워 이긴 사람이 된 것입니다.

만일 실제로 이런 사건이 있었더라면, 당시에 많았던 병을 고치는 자들 및 종교적 메시지를 전하는 자들과 달리 예수는 제자들에게 풍랑까지(정확히는 풍랑을 일으킨 악마까지) 물리친 존재로 보였을 것입니다. 자신들의 스승 예수의 이러한 모습을 본 제자들의 존경심은 고양되었을 것입니다.

이와 동시에 풍랑과 싸워 이긴 예수는 그야말로 하나님이 자신과 함께하며 자신에게 특별한 권능을 주었다는 '믿음'이 더욱 견고해졌을 것입니다. 또한 제자들에게 이 사건은 '믿음의 중요성과 힘'을 배우는 계기가 되었을 것입니다. 이러한 점에서 마가복음과 누가복음은 올바르게도, 예수가 잠에서 깨어난 직후가 아니라 이 사건이 끝난 후에야 믿음에 대하여 제자들에게 말했다고 전합니다.*

"어찌 믿음이 없느냐?"(마가 4:40)

---

* 어쩌면 예수의 말 중, "믿음이 있다면 산에게 들려져 바다로 던져지라고 명령하여도 들을 것"(마가 11:23; 마태 21:21)이라는 말이 이때 나온 것일지도 모르겠습니다.

거라사의 광인을 내쫓는 예수가 표현된 모자이크화
(이탈릴아, 성 아폴리나레 누오보 성당, 6세기 초)

갈릴리 출신의 유대인 예수의 눈에

돼지를 키우는 등 율법과는 너무도 동떨어져 있던

그리스 문화는 꽤나 충격이었을 것입니다.

22장

광인 예수

마가 5:1-20; 마태 8:28-34; 누가 8:26-39

광인 이야기

요단강과 요단강 상류의 갈릴리 호수를 기준으로, 서쪽은
유대인들이 사는 갈릴리 지역, 동쪽은 헬레니즘 문화가
정착한 여러 민족이 섞여 사는 데가볼리 지역이었습니다
(20쪽 지도 참고), 공관복음은 예수가 데가볼리('10개의 도
시'*라는 의미) 지역에서 독특한 엑소시즘을 시행했다는 이

---

* 플리니우스는 자신의 저술 『박물지』(*Naturalis Historia*)에서 10개의 도
  시를 나열하지만, 반드시 10개의 도시만 의미하는 것은 아닙니다.

야기를 전합니다.*

　공관복음에 의하면, '거라사' 혹은 '가다라'(둘 모두 데가볼리 지역에 속하는 도시입니다)에는 무덤 사이에 사는 정신이 이상한 사람(하나 혹은 둘)이 있었습니다. 그 사람은 밤낮으로 소리를 지르고 자해를 하며** 옷도 입지 않은 채로 살았습니다. 사람들이 그를 쇠사슬로 묶어두기까지 했지만 그는 그것을 끊을 정도로 힘이 셌습니다.

　예수는 그 도시를 지나며 그 광인을 만났습니다. 예수는 그를 '더러운 귀신'이라 부르며 그 사람에게서 나오라고 명령합니다. 그러자 그 광인은 예수께 절하고 예수를 '하나님의 아들'이라 부르며, 자신을 괴롭히지 말라고 이야기합니다. 그리고 예수는 그에게 이름을 묻는데, 그 광

* 　마가복음과 누가복음은 이 사건을 앞선 갈릴리 호수에서 풍랑을 만난 이야기와 연결지었지만, 마태는 현명하게도 이 두 사건이 전혀 시간적 연관성이 없음을 인지했습니다. 마태복음에는 마가복음 5장 2절이나 누가복음 8장 27절처럼 배에서 내렸다거나 육지에 도착했다는 언급이 빠져 있습니다.

** 　흥미롭게도 마가복음에만 광인이 '돌로 자해를 했다'는 묘사가 있고, 마태와 누가는 이러한 묘사를 쓰지 않았습니다. 이러한 묘사가 '할례'를 떠올리게 하기 때문일지도 모르겠습니다. 복음서는 그리스어로 쓰였으며 헬레니즘 문화에 익숙한 독자를 대상으로 쓰였습니다. '할례'는 유대적인 것이었고 헬레니즘 독자들의 눈에는 미개한 행위였기에, 보다 인기를 끌기 위해서 나중에 쓰인 복음서에서는 이 묘사가 삭제되었을지도 모릅니다.

인 혹은 귀신은 '군단'을 뜻하는 '레기온'이라고 답합니다. '레기온'은 군대 용어로, 보병 약 4,000-5,500명, 기병 약 100-200명으로 구성된 거대한 단위를 가리킵니다. 그 광인 혹은 '레기온'은 자신을 이 지역에서 쫓아내지 말아달라며, 돼지 떼에라도 들어가게 해달라고 예수에게 간청합니다. 예수는 그 소원을 들어줍니다. 귀신이 근처에 있던 돼지 떼에게로 들어가자, 돼지 떼는 곧장 '바다'로 뛰어듭니다. 이와 동시에 그 광인은 정신을 차리고 옷도 갖춰 입습니다.

이를 보거나 들은 그 지역 주민들은 예수에게 떠나달라고 말합니다(복음서는 그들이 왜 예수에게 떠나달라고 말했는지를 언급하지 않습니다. 이는 예수가 옳은 일을 하고도 배척당한다는 것을 보여주기 위한 장면일 수도 있습니다). 그래서 예수는 그곳을 떠납니다. 광인이었던 그 사람은 예수를 따라오지만, 예수는 이 지역에 머물며 자기가 겪은 이야기를 가족에게 전하라고 말합니다.

광인 이야기의 해석

이 이야기는 전형적인 신학적 의도를 담은 한 토막의 신화 혹은 전설 이야기라고 할 수 있습니다.*** 이 이야기는 예

*** 실제로 〈오디세이아〉에는 이와 비슷한 구조를 가진 이야기가 실려 있습

수가 이방 지역에서 군대 귀신과 싸워 이겼다는 것을 보여줍니다. 율법에 의하면 돼지는 부정한 짐승이며(레위기 11:7), 돼지 떼에 귀신이 들어가 '바다'에 빠져 몰살했다는 것은 귀신들이 바다가 상징하는 무저갱으로 돌려보내졌다는 것을 의미합니다. 그런데 사실 이 이야기의 배경인 거라사 혹은 가다라 지역에는 바다가 없습니다. '갈릴리 바다'라고도 불린 갈릴리 호수가 그나마 가장 가까운 '바다'이지만, 두 도시와는 수십 킬로미터 거리에 떨어져 있습니다.

예수는 갈릴리의 유대인들을 대상으로 사역했고, 이방인들을 위한 사역을 의도하지는 않았을 것입니다. 그러나 반복되는 실패를 경험하며, 예수는 조금 더 먼 지역으로 나가게 되었을지도 모릅니다. 그러나 갈릴리 출신의 유대인 예수의 눈에 돼지를 키우는 등 율법과는 너무도 동떨어져 있던 그리스 문화는 꽤나 충격이었을 것입니다.

니다. 오디세우스가 섬에서 홀로 양떼를 키우던 폴리페모스라는 잔인한 외눈박이 거인을 물리치는 이야기입니다. 전체적으로 비교해보면 다음과 같은 점이 비슷합니다. 주인공이 낯선 땅으로 항해하여, 숨어 지내는 괴력을 가진 존재를 만나고, 그에게 이름을 묻자 '많음'("군대") 혹은 '없음'이라 답하고, 동물 떼를 비탈길로 보내어 문제를 해결한 뒤 떠나고, 남겨진 이는 옷을 벗었다가 입게/입었다가 벗게 되었다는 점 등입니다. 자세한 것은 Dennis Mcdonald, «The Homeric Epics and the Gospel of Mark», 63-76 참조.

예수에게는 그 모든 것이 '미친 것'처럼 보였다고 해도 이상한 일이 아니었을 것입니다. 광인이 살던 장소인 '무덤'이나 그곳 주민들이 키우던 '돼지'는 율법의 관점에서 부정한 것이었습니다. 그래서 예수는 그 지역의 사람들을 보고 '더럽다'고 말했을지도 모르겠습니다("더러운" 귀신. 마가 5:2). 또 그 지역 사람들이 돼지를 기르던 곳을 지나다가, 다짜고짜 소란을 피우고 돼지들을 흩어버렸을지도 모릅니다(실제로 예수는 성전에서 소란을 피우기도 했습니다. 마태 21:12; 마가 11:15; 요한 2:15 참고). 그때 지역 주민들이 몰려와 예수를 자신들의 동네에서 쫓아냈을 것이고, 예수는 쓸쓸히 이방인의 지역을 떠나 배를 타고 갈릴리 호수를 건너 다시 가버나움으로 돌아왔을 것입니다.

어쩌면, 데가볼리 지역의 '광인' 이야기는 예수에 대한 왜곡된 소문에서 출발했을지 모릅니다. 실제로 예수는 그 시대 사람들에게 '광인'이었습니다.

파올로 베로네세, 〈야이로의 딸의 부활〉(1540)

예수는 자녀를 잃고 자신을 찾아와 우는 부모에게

위로의 말을 전했을 것입니다.

"이 아이가 죽은 것이 아니라 잔다"

23장

장례식과 예수

마가 5:21-43; 마태 9:18-26; 누가 8:30-56

현실에서 죽은 사람은 다시 살아날 수 없습니다. 하지만 고대의 세계관에서 사람이 죽었다가 살아나는 것은 '결코 일어날 수 없는 일'까지는 아니었습니다. 극도로 희귀하고 놀라운 일이지만, 고대의 신화와 종교에서는 신성한 권능으로 죽은 사람이 살아나는 경우를 종종 발견할 수 있습니다. 그리스-로마 신화에는 신의 아들인 의사 아스클레피오스가 죽은 사람들을 살린 이야기가 유명합니다. 고대 이스라엘 종교의 전설적인 예언자 엘리야와 엘리사는 인간이었지만 신성한 권능으로 죽은 사람을 살렸다고 전해집니다(열왕기상 17장; 열왕기하 4장 참고).

피 흘리던 여인과 죽은 아이

엘리야와 엘리사가 보여준 그러한 기적은 복음서의 예수에게서 반복됩니다. 공관복음은 예수가 '야이로'라는 이름을 가진 회당장의 딸을 살려낸 이야기를 공통적으로 전달합니다. 그 외에도 누가복음에는 나인 성에 사는 과부의 아들을, 요한복음에는 베다니 마을의 나사로를 살려내는 이야기가 나옵니다. 회당장 야이로의 딸을 살리는 이야기는 독특하게도 한 개의 이야기가 아니라 두 이야기가 합쳐진 형태인데,* 그중 한 이야기에는 12년간 피를 흘리는 병(아마도 자궁출혈이나 치질일 것입니다)에 걸린 여인이 등장합니다. 이야기는 이러합니다.

어느 날 회당장이 예수를 찾아와 자기 딸이 '죽게 되었으니' 살려달라고 간청합니다. 그래서 예수는 그를 따라갑니다. 그 길에 많은 사람들이 예수를 보려고 몰려들었는데, 그중에서 12년간 피를 흘리는 여자가 혹시 예수의 신비한 능력으로 의사도 고치지 못하는 자기 병이 나

---

* 마태복음에 실린 이야기는 조금 차이가 있습니다. 마태복음에서는 '야이로'가 아닌 이름이 밝혀지지 않은 '관원'의 딸을 살리는 것으로 바뀌었고, 두 이야기가 합쳐진 형태도 아닙니다.

을까 기대하며 예수의 옷자락을 만졌습니다. 그러자 곧바로 그 병이 나았습니다.

그때 사람들이 야이로의 딸이 죽었다는 소식을 전합니다. 예수는 다른 사람들을 모두 보내고, 그 부모와 '이너서클'의 제자들(베드로, 야고보, 요한)만을 데리고 죽은 딸이 있는 야이로의 집으로 갔습니다. 슬퍼하는 사람들에게 예수는 "이 아이가 죽은 것이 아니라 잔다"라고 말했지만 사람들은 비웃었습니다. 거기서 예수는 '소녀야 일어나라'('달리다 쿰' 혹은 '달리다 쿠미')라고 말하며 손을 잡아 일으켰습니다. 그 소녀는 '12살'이었습니다. 예수는 이 일을 아무에게도 말하지 말라고 하고, 소녀에게 먹을 것을 주라고 말하며 이야기가 마무리됩니다. 12년 동안 병으로 고생한 여인 이야기와 12살 소녀 이야기를 합쳐 놓은 이유는, 아마도 그 소녀의 질병과 여인의 질병이 같다는 것을 우회적으로 묘사하기 위한 마가복음 저자의 문학적 기법이었을 것입니다.

두 이야기의 해석

이 이야기에서 예수는 죽은 사람을 살려냈습니다. 누가복음에만 기록된 나인 성의 과부 사건은 더욱 놀랍습니다. 예수는 이미 죽어서 매장지로 가고 있는 관 속의 죽은 청년을 깨우기까지 합니다. 이 이야기가 예수의 신성한 권능을 보여주는 초기 기독교 공동체의 창작이라고 생각할 수 있지만, 생각해볼 지점이 몇 가지 있습니다.

마가복음은 예수가 "소녀야 일어나라"라고 외쳤다고 전합니다. 마가복음 전체적으로는 그리스어가 쓰였지만, 이 말만큼은 예수가 실제로 사용한 언어였을 아람어로 전하고 있습니다. 생생한 예수의 언어를 직접 전달할 정도로 이 기적 이야기를 중요하게 여긴 것입니다. 예수는 실제로 자신이 의사들보다 위대한 능력을 가진 자로서 죽은 자를 살릴 수 있다고 믿었을지도 모릅니다. 그래서 예수는 장례 행렬 중 죽은 사람을 살리려고 시도하며 다녔을지도 모릅니다. 회당장 딸의 경우 사람들이 의료 지식이 부족해서(12년 동안 피를 흘린 여자 이야기를 하며 의사의 무능을 꼬집는 것은 아무 의미 없는 언급이 아닐 것입니다) 가사 상태에 빠진 사람을 죽었다고 판단했지만, 예수의 신성한 자의식은 죽은 자를 살릴 수 있다고 단정하면서 실제로 죽지 않은 아이를 깨워 일으켰을지도 모릅니다. 현대에도 판단 실수로 아직 죽지 않은 사람을 관에 넣어두는 경우가 발견되곤 합니다.

하지만 다른 가능성도 있습니다. 당시 죽음은 현대와 비교하면 너무 흔한 일이었습니다. 사람은 죽음에 너무도 취약했습니다. 그리고 유대인들은 장례를 가급적 빠르게 치러야 했습니다. 예수가 회당장의 집에 도착했을 때 사람들은 통곡을 하고 있는데, 이는 벌써 장례를 시작한 듯한 뉘앙스를 풍깁니다(마가 5:38). 여느 장례 절차가 그러하듯, 매장지로 이동할 때 가족, 친척, 친구, 이웃 등이 함께 긴 애도의 행렬을 이루었습니다. 예수는 장례식을 바라보며, 애도하는 자들을 바라보며 죽음에 대해 깊게 생각했을 것입니다. 그러다 이야기 속의 회당장 야이로처럼, 지푸라기라도 잡는 심정으로 예수를 찾아와 울며 죽은 아이를 살려달라고 한 사람이 분명 있었을 것입니다. 예수는 자녀를 잃고 자신을 찾아와 우는 부모에게 (예수 자신이 임박한 하나님 나라에 사로잡힌 자로서) 위로의 말을 전했을 것입니다.

"이 아이가 죽은 것이 아니라 잔다"(마가 5:39)

제2성전 유대교는 종말의 때에 일어날 의인의 부활을 믿었습니다.* 예수의 이 말은 다른 유대교인들도 해줄 수 있는 평범한 말이었을 것입니다. 당시 유대인이라면 누구

---

* 다니엘 12장, 마카비2서 7장, 쿰란 문헌(4Q 521) 등에는 하나님이 경건한 의인들을 살리실 것이라는 직·간접적인 표현이 있습니다.

나 믿고 공유하고 있는 말로 위로한 것입니다. 그러나 예수는 '임박한 하나님 나라'를 믿었기에, 더욱 확신에 찬 목소리로 위로했을 것입니다. 그리고 (비록 사람들은 비웃었겠지만) 소녀를 향해 '달리다 쿰'이라고 외쳤을 것입니다. 하나님 나라가 가까이 왔다는 것을 그 소녀에게, 그 부모에게 알리기 위해.

도메니코 기를란다요, 〈사도들의 소명〉(1481)

아마도 실제 예수는 제자들에게

그저 자신감을 가지라고 말해주었을 것입니다.

자신이 행한 대로만 따라하면 제자들도 할 수 있을 것이라고

격려해주었을 것입니다.

24장

예수의 제자(IV): 제자 파송

마가 6:7-13; 마태 10:1, 5-15, 11:20-24; 누가 :1-6, 10:1-24

예수는 자신의 복음과 사역을 확장하기 위해, 제자들에게 자신이 가르치고 행한 것을 각자 따라해보라고 권했습니다. 그러나 예수처럼 홀로는 아니었고, 제자들은 두 명씩 짝을 짓게 했습니다. 그리고 마가복음은 예수가 그들에게 '귀신을 제어하는 권능'을 주었다고 합니다. 마태복음과 누가복음은 그보다 과장된 표현을 사용합니다.

> "… 열두 제자를 부르사 더러운 귀신을 쫓아내며 모든 병과 모든 약한 것을 고치는 권능을 주시니라"(마태 10:1)

"… 열두 제자를 불러 모으사 모든 귀신을 제어하며 병을 고치는 능력과 권위를 주시고"(누가 9:1)

아마도 실제 예수는 제자들에게 그저 자신감을 가지라고 말해주었을 것입니다. 예수는 하나님과의 특별한 관계에 대한 확신, 임박한 하나님 나라에 대한 확신, 그리고 무엇보다 "사탄이 하늘로부터 번개같이 떨어지는 것을 보았다"(누가 10:18)는 확신을 갖고 있었습니다. 따라서 자신이 행한 대로만 따라하면 제자들도 할 수 있을 것이라고 격려해주었을 것입니다. 그리고 예수는 그들에게 두 가지 규칙을 정해주었습니다.

- 첫째, 간소한 차림으로 돌아다닐 것("여행을 위하여 지팡이 외에는 양식이나 배낭이나 전대의 돈이나 아무 것도 가지지 말며 신만 신고 두 벌 옷도 입지 말라", 마가 6:8-9)
- 둘째, 숙박 문제는 각자 해결할 것("어디서든지 누구의 집에 들어가거든 그 곳을 떠나기까지 거기 유하라", 마가 6:10)

당시에는 강도가 매우 흔했기 때문에 많은 돈을 들고 여행하면 강도를 당할 위험이 있었습니다. 그리고 순회 설교자는 제대로 손님 대접을 받지 못했을 것입니다.

예수가 제자들을 파송하며 남긴 조언은 예수 자신의 경험으로부터 우러나온 내용일 것이며("발 아래 먼지를 떨어버려…" 마가 6:11; 마태 10:13; 누가 9:5 참고), 이는 나중에 교회의 순회 설교 훈련 교육 지침이 되었을 것입니다.

예수가 제자들을 이렇게 파송한 것이 하루 동안인지, 며칠인지, 몇 주인지는 알 수 없습니다. 다만 '여행'을 예고하면서도 소박한 준비를 시키는 것으로 보아, 예수가 그들을 멀리 보낸 것은 단 며칠 정도였던 것 같습니다. 누가복음 10장에는 열두 제자 파송과 별개로 70인 혹은 72인 파송을 언급하는데, 여기에서 돌아온 제자들은 즐거웠던 경험을 한꺼번에 보고하는 듯합니다. 예수는 가버나움뿐 아니라 회개하지 않은 마을 '고라신'과 '벳세다'를 언급합니다.

파송된 제자들은 예수와 똑같이 선포했습니다. 그러나 예수처럼 여러 가르침을 주지는 않았고, 그저 하나님 나라가 가까이 왔으니 회개해야 한다는 메시지를 외쳤습니다. 마가복음은 제자들이 귀신을 쫓아내고 병을 고쳤다고 전하지만, 그 과정에서 예수처럼 기적을 행했다는 이야기는 없습니다. 그들이 귀신과 싸웠다는 것은 다양한 의미로 해석될 수 있습니다. 예수가 고향에서 실패했듯, 제자들도 고라신과 벳세다에서 실패했다는 것은 분명합니다. 그들은 기적이 아니라 '기름'을 사용하여 사람들의 병을 고쳤습니다(마가 6:13). 여기서 언급된 기름이 무엇인지 알 수는 없지만, 제자들이 예수를 본받아 정성스레 병자들을 돌보았다는 것을 보여줍니다. 제자들이 기름을 발라 병자들을 고쳤다는 것은 실제로 치료보다는 간호에 가까웠을 것입니다.

흥미롭게도 예수는 제자들을 파송한 이후에, 이렇게 기도했습니다.

> "천지의 주재이신 아버지여 이것을 지혜롭고 슬기 있는 자들에게는 숨기시고 어린 아이들에게는 나타내심을 감사하나이다."(마태 11:25; 누가 10:21. Q 자료)

많은 사람이 예수와 그의 제자들의 이야기를 무시했지만 어린아이들은 관심을 갖고 초롱초롱한 눈으로 들어주었을지도 모릅니다. 예수는 유달리 아이들을 사랑했는데, 아마도 이처럼 자신과 제자들의 말을 잘 들어주었기 때문일 것입니다.

나사렛 회당에서 가르치는 예수가 표현된 프레스코화
(코소보, 비소키 데차니 수도원, 1350년경)

사람들은 고향에서 자기만의 토라 해석과

종교 이야기를 선포한 예수를

황당하고 어이없게 여겼던 것 같습니다.

25장

예수의 고향 방문

마가 6:1-6; 마태 13:53-58; 누가 4:16-30

공관복음에 따르면 갈릴리 여러 지역을 돌아다니던 예수
는 언젠가 제자들과 함께 고향 나사렛에 내려갔습니다.
안식일이 되어 예수는 한 회당에서 자신의 교훈을 사람들
앞에서 가르쳤습니다. 그러자 그것을 들은 사람들은 매우
놀라워했습니다. 아마도 많은 고향 사람이 예수를 알아보
았을 것입니다.

"이 사람이 마리아의 아들 목수가 아니냐 야고보와 요셉과 유
다와 시몬의 형제가 아니냐 그 누이들이 우리와 함께 여기 있

지 아니하냐?"(마가 6:3)

그러나 뒤이어 전해지는 말은 당황스럽습니다. 예수의 말에 놀란 고향 사람들이 예수를 '배척'했다는 것입니다. 마가복음과 마태복음은 예수가 고향에서 아무런 '권능', 곧 기적을 일으키지 못했다고 말합니다(그러나 예수는 몇몇 환자들을 위해 치료 행위는 해주었습니다). 심지어 누가복음의 묘사를 보면, 예수가 '이방인'이 하나님의 은혜를 입었던 사례를 언급했다는 이유로 사람들이 예수를 회당에서 쫓아냈을 뿐만 아니라 낭떠러지로 몰아서 죽이려 했다고 되어 있습니다. 예수는 이런 상황에서 다음과 같은 말을 남겼습니다.

"선지자가 자기 고향과 자기 친척과 자기 집 외에서는 존경을 받지 못함이 없느니라"(마가 6:4)

실제로 가버나움에서 사역하던 예수가 다시 고향 나사렛으로 찾아갔을지는 확실하지 않습니다. 그럴 확률은 매우 낮습니다. 만약 예수가 고향을 다시 찾았다면, 적어도 가버나움에서 작게나마 성공을 거두어 어느 정도 자신감이 생긴 뒤였을 것입니다. 그래서 마태복음의 경우 예수가 제자들을 어느 정도 모으고 파송을 통해 성공을 거둔 뒤에 갔다는 것을 명시합니다. 마가복음 6장에서 예수가 고향에서 배척받은 뒤에 제자들을 파송한 것으로 기록된 것과는 대조적입니다. 얼핏 마가복음보다 마태복음의 순서가 조금 더 자연스러워 보일 수 있지만, 이는 예수가 별다른 고향 배척 경험 없이 성공을 거둔 것처럼 상황을 매우 미화시킨 것으로 보입니다.

고향에 내려간 예수가 안식일 회당에서 자기만의 종교 해석을 들려준 것이 사실이라면, 예수는 현지 나사렛 출신이기도 했고 제자들도 함께 있었으니 회당의 토론에서 발언권을 쉽게 얻었을 것입니다. 이때 예수의 가족들은 등장하지 않습니다. 부끄러워서 얼굴을 내비치지 않은 것일지도 모르겠습니다. 예수가 회당에서 무엇을 말했는지는 알 수 없습니다. 누가복음 4장에서는 예수가 이사야서를 읽고 해설했다는 내용이 등장하는데, 이는 신학적 각색일 것입니다. 회당에서 예수의 말을 들은 고향 사람들의 반응은 적나라합니다.

"이 사람이 어디서 이런 것을 얻었느냐"(마가 6:2)

이 반응은 결코 감탄하는 것이 아닙니다. 마가복음 6

장은 다소 모순적인 내용을 들려주는데, 위 구절 뒤에는 마치 이들이 예수의 '권능'을 본 것 같은 묘사를 덧붙입니다("이 사람이 받은 지혜와 그 손으로 이루어지는 이런 권능이 어찌됨이냐"). 그러나 뒤이어 따라오는 구절에서는 예수가 고향에서 권능, 곧 기적을 일으킬 수 없었다고 지적합니다. 마가복음은 "이 사람이 어디서 이것을 얻었느냐"라는 고향 사람들의 발언을 미화하려고 했지만, 사람들은 고향에서 자기만의 토라 해석과 종교 이야기를 선포한 예수를 황당하고 어이없게 여겼던 것 같습니다.

그리고 사람들은 예수를 '마리아의 아들'이라고 부릅니다. 이 책의 2장에서 언급했듯이 이는 '아비 없는 놈'이라는 뜻입니다. 사람들은 예수가 누구인지 정확하게 파악했습니다. 마가복음의 묘사에 따르면, 예수는 고향 사람들에게 '아버지 없이 자라서 고향을 떠나 여러 곳을 떠돌더니, 헛소리나 하는 놈이 되었다'고 욕을 들은 것입니다.

마가복음과 마태복음은 고향 사람들이 예수를 '배척했다'고 표현하지만, 누가복음의 묘사는 더욱 심각합니다. 동네 밖으로 쫓아내어 낭떠러지에서 밀어버리려고 했다고까지 말하니 말입니다. 여기에서 누가복음은 반유대적인 초기 기독교의 태도를 담아 예수의 설교를 창작했고, 이에 대한 유대인의 반응을 묘사하며 '순교자 예수'를 염두에 두었을 것입니다. 예수가 아무리 터무니없는 토라 해석을 제시했다고 한들, 적어도 그 가족을 다 알고 지내는 작은 시골 마을의 이웃들이 그를 죽이려고까지 하지는 않았을 것입니다. 문자 그대로 예수를 '무시'할 뿐이었을 것입니다.

예수는 고향 바깥에서는 성공했을지라도 다시 찾아간 그의 고향에서 무시당했고, '선지자가 자기 고향과 자기 친척과 자기 집 외에서는 존경을 받지 못함이 없느니라'는 식의 말을 통해 제자들을 안심시켰을 것입니다.

그리고 예수는 다시는 고향으로 가지 않았습니다.

오병이어의 기적(그리스, 디오니시우 수도원, 13세기경)

예수는 그야말로 하루하루 살아가며

지나친 율법과 말도 안 되는 정책에 휘둘리는 사람들을 보고

그들을 어떻게 인도할지 고민에 빠졌을 것입니다.

26장

오병이어의 기적

마가 6:30-44, 8:1-10, 14-21; 마태 14:13-21, 15:32-39, 16:5-12;
누가 9:10-17; 요한 6:1-14, 22-59

오병이어의 기적

사복음서 모두에 나오는 유일한 기적*은 소위 '오병이어',
곧 빵 다섯 개와 물고기 두 마리로 수천 명의 사람이 나
눠 먹은 기적입니다. 마가복음과 마태복음은 이와 별개로
'칠병이어' 사건도 기록하고 있습니다.

마태복음과 누가복음은 이 사건을 기록하며 깊은 의
미를 전하기보다는 기적 자체를 기록하는 데 의의를 둡

---

* 예수의 부활도 사복음서 모두에 드러나나, 엄밀히 따지자면 마가복음에
는 간접적으로만 암시되고 있습니다.

니다. 반면 요한복음은 그 나름의 방식으로 이 사건을 영적으로 승화하여 해석했습니다. 이때 이 이야기는 예수가 '생명의 빵'(요한 6:48)이라는 것을 전달하는 이야기가 됩니다. 이렇게 요한복음은 이 사건을 신비적인 방식으로 해석했지만, 가장 오래된 전승인 마가복음의 의도는 그와는 사뭇 다릅니다. 마가복음의 오병이어(및 칠병이어) 사건은 기적을 행하는 예수의 권능을 보여주기 위한 이야기이며, 동시에 그가 '먹을 것을 풍부하게 제공하는' 하나님 나라의 왕이라는 것을 보여주기 위한 이야기입니다.

이 이야기는 구약성서의 여러 이야기로부터 모티브를 가져왔습니다. 대중을 배불리 먹이는 장면은 이스라엘 사람들이 이집트 탈출 때 날마다 풍족히 먹은 만나와 메추라기 이야기(출애굽기 16장), 예언자 엘리사가 빵 20개로 100명을 배불리 먹인 이야기(열왕기하 4:42-44)의 영향을 받았을 것입니다. 또한 마가복음 6장 39절 "푸른 잔디 위에 앉게 하시니"는 시편 23편 2절의 "나를 푸른 풀밭에 누이시며"에 영향을 받았을 것입니다. 이 이야기는 어쩌면 초기 기독교의 성찬 예식을 반영하는 것일 수도 있습니다. 또한 이 이야기에는 예수와 제자들의 실제 식습관이 반영된 듯합니다(소위 '최후의 만찬'이라고 하는 유월절 식사에서도 살피겠지만, 예수와 제자들은 고기를 먹지 않습니다).

바리새인과 헤롯의 누룩을 주의하라

이 오병이어 기적은 마가복음 저자가 매우 신경 써서 연출한 이야기입니다. 오병이어와 칠병이어 기적은 마가복음 8장과 함께 읽어야 원래의 의미를 파악할 수 있는데, 두 기적에 기반한 예수와 제자들의 대화를 전해주는 부분입니다. 마가복음 8장 14-21절을 자세히 읽어보면 다음과 같습니다.

14 제자들이 빵 가져오기를 잊었으매 배에 빵 한 개밖에 그들에게 없더라 15 예수께서 경고하여 이르시되 삼가 바리새인들의 누룩과 헤롯의 누룩을 주의하라 하시니 16 제자들이 서로 수군거리기를 이는 우리에게 빵이 없음이로다 하거늘 17 예수께서 아시고 이르시되 너희가 어찌 빵이 없음으로 수군거리느냐 아직도 알지 못하며 깨닫지 못하느냐 너희 마음이 둔하냐 18 너희가 눈이 있어도 보지 못하며 귀가 있어도 듣지 못하느냐 또 기억하지 못하느냐 19 내가 빵 다섯 개를 오천 명에게 떼어 줄 때에 조각 몇 바구니를 거두었더냐 이르되 열둘이니이다 20 또 일곱 개를 사천 명에게 떼어 줄 때에 조각 몇 광주리를 거두었더냐 이르되 일곱이니이다 21 이르시되 아직도 깨닫지 못하느냐 하시니라

이 대화의 장면 설정과 제자들의 반응은 독특합니다. 14절은 '빵 하나'가 그들에게 있다고 하지만, 16절에서 제자들은 '빵이 없다'고 말합니다. 두 번의 기적과 이 대화는 전체가 하나의 문학적 구성을 이루고 있습니다. 요한복음의 해석처럼 참된 '빵'은 예수 자신입니다. 즉 제자들에게는 '예수'라는 빵이 있습니다.

그런데 예수는 바리새인과 헤롯의 누룩을 주의하라고 합니다(마태복음은 이것을 '바리새인과 사두개인의 교훈'으로 해석했습니다). 즉 그들과 달리 예수라는 참된 빵에는 '누룩'이 없습니다. 마가복음의 의도는 단순히 그들의 가르침과 비교되는 예수의 '교훈'을 말하는 것이 아닙니다. 누룩은 빵의 크기를 부풀리는 재료입니다. 하지만 예수의 제자들에게는 모두를 먹일 수 있는 생명의 빵, 예수가 있으므로 다른 누룩이 필요하지 않습니다. 결국 이 전체 이야기는 유대의 (종교적, 정치적) 권력과 손잡지 않고서도 충분히 하층민(땅의 사람들, '암하아레츠')를 돌보고 그들의 필요를 채워줄 수 있다는 것을 의미합니다.

> "예수께서 나오사 큰 무리를 보시고 그 목자 없는 양 같음으로 인하여 불쌍히 여기사 이에 여러 가지로 가르치시더라"(마가 6:34)

목자 없는 양들에게 먹을 것을

흥미롭게도 이 기적은 마가복음에서 헤롯이 세례 요한을 죽인 뒤에 일어난 것으로 되어 있습니다. 그런 상황에서 예수는 모여 있는 사람들의 '목자 없는 양' 같은 모습을 불쌍히 여겼다고 기록하고 있습니다. 마태복음과 누가복음은 그들을 그저 '배고픈 자'들로 보았고, 요한복음은 심지어 우매한 대중 취급을 했지만, 마가복음은 아닙니다. 마가복음은 세례 요한이 죽은 뒤 그들을 인도할 하나님의 사람이 없는 상태를 아프도록 안타까워하는 예수를 그리고 있습니다.

예수는 유대 권력 집단과는 별개로, 그리고 세례 요한의 죽음과 더불어 자신의 민족에 대한 자신의 사명감과 책임감을 더욱 크게 느꼈을 것입니다. 그야말로 하루하루 살아가며, 지나친 율법과 말도 안 되는 정책에 휘둘리는 사람들을 보고 그들을 어떻게 인도할지 고민에 빠졌을 것입니다.

다시 이야기로 돌아가 봅시다. 오병이어 사건에 쓰인 적은 양의 음식은 어린 아이가 가져온 도시락이었다는 설정은 요한복음의 기발한 아이디어입니다. "이백 데나리온의 돈으로도 부족하다"(요한 6:7)는 한 제자의 발언은 어느 정도 개연성이 있습니다. 예수는 제자들에게 때때로 자신의 가르침을 들으러 온 낯선 사람들에게 먹을 것을 나누어 주라고 했을 것이고, 얼마 되지 않는 음식을 나누어줄 때마다 불만을 가진 현실적인 제자도 분명 있었을 것입니다(예수의 제자들이 예수의 말을 곧이곧대로 듣지 않고 이것저것 따지는 장면은 매우 현실적입니다).

예수와 제자들이 싸온 음식을 몇 안 되는 사람들과 함께 나눠먹은 것은 흔한 일이었을 것입니다. 예수는 그들에게도 날마다 빵이 생기기를 기도했을 것입니다.

"오늘 우리에게 매일매일 우리의 빵을 주시옵고"(마태 6:11 직역)

우란의 다니엘, 〈물 위를 걷는 예수〉(1433)

결국 예수는 제자들이 먹을 것까지도

사람들에게 나누어주고 말았습니다.

기분이 상한 제자들은 예수를 혼자 버려두고

배를 타고 떠나버리려고 했을 것입니다.

27장
갈릴리 호수의 예수(Ⅱ)

마가 6:45-52; 마태 1422-33; 요한 6:15-21

바다 위를 걷는 예수에 관한 일화는 마가복음, 마태복음,
요한복음에는 있지만 누가복음에는 없는 이야기입니다.
이 사건은 오병이어 사건 바로 뒤에 이어집니다. 배불리
먹은 무리가 떠난 뒤 예수는 제자들이 배를 타고 벳새다
로 가도록 한 뒤, 홀로 기도하러 산에 갑니다. 시간이 지나
제자들은 새벽녘에 노를 저어 맞바람을 이겨나가며 힘겹
게 배를 타고 가는데, 갑자기 바다 위를 걷는 예수를 발견
합니다. 제자들이 예수를 보고 겁에 질려 소리를 지르자,
예수는 그들을 안심시키고 배에 오릅니다. 그러자 바람이

그칩니다.

세 복음서는 이 사건을 조금씩 다르게 묘사합니다. 예를 들어 마태복음에는 이 단순한 이야기에 베드로가 설레발을 치다가 물을 '잠시나마' 걷고 다시 빠지는 우스꽝스러운 이야기가 추가되어 있습니다. 하지만 더 큰 문제는 이 이야기의 성격입니다. 마태복음은 제자들이 힘겨워하는 것을 본 예수가 그들을 돕는 구원자로서 등장한 것처럼 묘사되어 있습니다. 베드로의 실패를 묘사한 부분은 그런 분위기를 한층 더 분명하게 드러냅니다. 요한복음에는 비록 그런 동화 같은 추가 내용은 없지만, 제자들의 심경의 변화를 묘사하고 있습니다. 즉 힘겹게 배를 타고 갈 때, 저 멀리 예수가 잘 보이지 않아 누구인지 알아보지 못할 때는 두려워했으나 예수를 알아보고서 기뻐했다는 것입니다.* 즉, 마태복음과 요한복음은 '구세주'로서의 신성한 예수를 보여주고 있습니다.

하지만 가장 초기의 이야기에 가까운 마가복음에서는 전혀 다른 분위기가 연출됩니다. 이유를 알 수 없지만, 예수는 제자들을 빨리 돌려보냈고 오병이어 사건을 경험

---

* 요한복음에서는 "내니라" 혹은 "나는 ~이니라"라는 표현, 곧 그리스어로 '에고 에이미'가 매우 중요한 표현으로 나옵니다. 여기서도 예수가 스스로를 드러내기 위해 '에고 에이미'를 사용했다는 점에서 이 장면이 매우 중요한 장면임을 알 수 있습니다.

한 사람들도 해산시켰습니다. 그런 뒤 예수는 기도하러 혼자 떠납니다. 제자들은 예수를 두고 가버렸습니다. 제자들에게 다시 나타난 예수는 그들을 도와주려고 온 것이 아니라, 그들을 '지나가려고' 했습니다(마가 6:48). 이때 예수를 마주친 제자들의 반응은 '심히 놀랐다' 외에 다르게 표현되지 않습니다. 기뻐하는 것 같지도 않고 구원받은 것 같지도 않습니다. 오히려 그들은 마음이 완악해졌습니다(마가 6:52).

이 이야기를 이해할 수 없었던 마태복음과 요한복음 저자는 각자 전혀 다른 방식으로 이야기를 재구성했습니다. 아마도 마가복음의 이 이야기는 제자들이 배신할 것을, 그러나 동시에 예수는 그럼에도 제자들을 용서해줄 것을 암시하는 장면이기도 할 것입니다.

아마도 이 마가복음의 이야기 이면에 있을 사건을 추론해 보기 위해 한 꺼풀 벗겨 보면 이렇습니다. 앞서 살펴본 오병이어 기적 이야기에서 보았듯, 예수와 제자들은 '음식 문제'로 실제로 다투었을 것입니다(마가 6:37-38 참고). 그때 예수는 모여 있는 사람들에게 먹을 것을 나누어주라고 제자들에게 말했지만, 제자들은 그러길 원치 않았습니다. 그러나 결국 예수는 제자들이 먹을 음식까지도 사람들에게 나누어주고 말았을 것입니다. 기분이 상한 제자들은 예수를 혼자 버려두고 (혹은 예수가 잠시 기도하러 간 사이) 배를 타고 떠나버리려고 했을 것입니다. 하지만 때마침 바람이 거셌습니다. 구체적으로 어떤 상황이었는지는 알 수 없지만 이때 예수는 제자들과 선을 긋고 '지나가려고' 했을지도 모르겠습니다. 그러나 한 사람이라도 더 노를 저을 사람이 필요한 것을 보고 예수는 그들에게 다시 나타나셨습니다. "바람이 그치는지라"라는 언급은 "바람이 거스르므로 제자들이 힘겹게 노 젓는 것을 보시고"와 비교됩니다. 더 이상 힘겨워하지 않게 되었다는 것을 문학적으로 표현한 것입니다.

그때 제자들은 겁을 먹었습니다. 자신들이 버려두고 떠나려 했던 예수가, 그것도 다소 어두울 때 나타났기 때문입니다('저물매'와 '밤 사경' 사이에는 꽤 큰 시간 간격이 있습니다. 노련한 어부들이 노젓는 배로 갈릴리 호수를 가로지르는 데는 끽해야 2-3시간 정도밖에 걸리지 않았을 것입니다).

하지만 예수는 그들에게 화를 내지 않았습니다. 오히려 "안심하라 내니 두려워하지 말라"라고 말하며, 그들과 함께 노를 저어 배를 타고 건너갔습니다.

자메 티소, 〈화 있을진저 바리새인들과 서기관들이여〉(1886-1894)

예수는 맹목적으로 율법을 엄격하게 지키면서도

사는 데 문제가 없던 사람들과 달리

음식법과 같은 율법을 때때로 어겨야만

먹고살 수 있는 사람들 편을 들어주었을 것입니다.

28장

음식법 논쟁

마가 7:1-23; 마태 15:1-20

음식법 논쟁

유대교의 특수한 규례 중에는 정결법과 음식법이 있습니다. 주로 제사장과 레위 지파 사람들이 이를 엄격하게 지켰지만, 보통의 유대인들도 원칙적으로는 이를 지켜야 했습니다. 마가복음은 이러한 음식법과 관련된 일화 하나를 전합니다.

어느 날 예루살렘에서 바리새인과 서기관이 예수를 찾아와서 예수의 제자 중 일부가 손을 씻지 않고 음식을 먹는 것을 보고 옳지 않다고 비난했습니다. 그러자 예수는, 그러한 전통은 사람이 만든 것에 불과하다며 그보다 더 중요한 것이 율법이 아니냐고 되받아쳤습니다. 그러면서 예수는 전통이 율법을 오히려 헛되게 만드는 예시를 들었는데, 바로 '고르반'이었습니다.

고르반은 하나님에게 바치는 '헌물' 혹은 '예물'을 가리키는 말입니다. 성전에 바치기도 하지만, 유골함에 바치기도 했습니다. 기원전 1세기의 한 유골함에서는 '이 유골함의 보물은 모두 이 유골에 있는 사람이 하나님에게 바친 고르반이다'라는 비문이 발견되기도 했습니다. 중요한 것은 부모를 부양하기 위해 마땅히 써야 할 재산과 재물까지도 하나님께 바칠 '고르반'이라는 핑계를 대며 부모 공경을 우습게 여기는 사람들이 있었다는 점입니다. 예수는 직접적으로 고르반과 같은 전통을 지키라고 가르치는 저들이야말로 하나님의 율법을 어기는 자들이나 다름없다고 비판했습니다.

> "너희가 전한 전통으로 하나님의 말씀을 폐하며 또 이같은 일을 많이 행하느니라"(마가 7:13)

그리고 예수는 저들이 떠나간 뒤 '손을 씻지 않고 음식을 먹는 것이 부정한 것이 아니라, 사람 마음에서 나오는 악한 생각과 말이 진정으로 부정한 것'이라고 제자들에게 가르쳤습니다.

예수가 율법을 어겼을까

이 사건이 실제로 일어났을 가능성, 그리고 예루살렘까지 예수에 대한 소문이 퍼졌을 가능성은 매우 낮습니다. 만약 예수가 예루살렘에까지 알려졌다 한들, 바리새인과 서기관들이 굳이 찾아와서 식사하는 모습을 지켜보고 지적했을 리도 없습니다. 이 이야기는 아마도 훗날 예루살렘에서 바리새인과 서기관들이 예수 공동체와 갈등을 빚은 상황에 기반하여 만든 이야기일 것입니다(15장 "안식일 논쟁" 참고. 두 이야기 모두에서 예수가 아닌 예수의 제자들만 문제시된다는 점이 공통적입니다).

그런데 이 전체 이야기의 주제가 '손 씻는 문제'에서 '음식 문제'로 바뀌었다는 점에 주목할 만합니다. 이때 예수의 가르침 중 '급진적인 것'이 등장합니다.

> 마가복음: "무엇이든지 밖에서 사람에게로 들어가는 것은 능히 사람을 더럽게 하지 못하되 사람 안에서 나오는 것이 사람을 더럽게 하는 것이니라"(마가 7:15-16)
>
> 마태복음: "입으로 들어가는 것이 사람을 더럽게 하는 것이 아

니라 입에서 나오는 그것이 사람을 더럽게 하는 것이니라"(마
태 15:11)

이 중에서 아마도 마가복음의 구절이 실제 예수의 말
에 더 가까울 것입니다. 이것은 당시 통용되던 예수 어록
으로서 마태복음의 구절처럼 약간의 수정이나 해석이 가
해진 채로 통용되었을 것입니다(도마복음 14절 참고). 그러
나 예수가 정말로 이렇게 급진적으로 유대교의 음식법을
무시했는지에 대해서는 다양한 논의가 있습니다. 예수의
유대적 정체성을 강조하는 이들은 예수가 율법을 무시했
을 리 없다고 부정하지만, 오히려 예수와 같은 인물이 아
니라면 '음식법'으로부터 자유롭게 되기란 쉽지 않았을
것입니다.

예수는 먹는 것을 좋아했고(누가 7:34), 특히나 물고
기를 즐겨 먹었습니다. 갈릴리 호수에서는 당연히 율법이
금지한 비늘 없는 물고기(레위기 11:10)들이 잘 잡혔고, 특
히 그중에서도 '메기'가 가장 잘 잡혔습니다. 가난한 시
골에서 자란 예수는 율법이 금지한 메기를 먹었을 것입니
다. 최근의 고고학적 연구는, 실제로 유대인들은 2세기부
터나 그러한 율법을 엄격하게 지켰지 그 이전에는 토라에
서 섭취를 금지한 물고기를 잘만 먹었다는 것을 밝혀냈습

니다.* 예수 시대에 음식법이 널리 알려졌다는 것은 사실이지만, 엄격하게 지켜지지는 않았습니다. 두 가지 사실은 구별되어야 합니다(야훼 일신론과 현실 이스라엘 민족의 종교생활에 괴리가 있는 것처럼 말입니다).

유대인 정체성을 가진 예수가 율법을 일부러 어기려고 하지는 않았을 것입니다. 다만 예수는 율법을 맹목적으로 엄격하게 지키면서도 사는 데 아무 문제가 없던 사람들과는 달리, 음식법처럼 '도덕과는 상관이 없는' 율법을 때때로 어겨야만 먹고살 수 있는 사람들 편을 들어주었을 것입니다.

---

* Adler, Yonatan, and Omri Lernau. "The Pentateuchal Dietary Proscription against Finless and Scaleless Aquatic Species in Light of Ancient Fish Remains." Tel Aviv 48.1 (2021): 5-26.

카를 블로흐, 〈산상설교〉(1890)

이것들은 예수의 급진적 윤리가 담긴 것으로 볼 수 있습니다.

이 구절들을 그대로 예수의 말로 볼 수는 없겠으나

그 핵심 내용은 충분히 실제 예수가 가르친 것으로 볼 수 있습니다.

29장

산상수훈과 평지설교

마태 5-7; 누가 6:20-49

마태복음의 산상수훈

마태복음은 모세와 토라를 의식하여 구성된 복음서입니다. 마태복음에서 예수는 제2의 모세이자, 모세보다 우월한 존재로 그려집니다. 모세는 '산'에서 십계명과 새로운 계명을 '받은' 인물입니다, 마태복음의 예수는 역시 '산'에서 스스로 가르침을 '주는' 존재입니다. 마태복음에 기록된, 예수가 산에서 준 이 가르침을 '산상수훈'(山上說敎)이라고 합니다.

마태복음에서 산상수훈은 상당 부분 내적인 평행을

이루는 위치에 있습니다.* 시편이 5권으로 구성된 토라를 염두에 두어 5권으로 구성된 것처럼 마태복음 역시 '다섯 편의 장문 설교'를 구성했습니다. 즉 산상수훈은 잘 구성된 하나의 대안적 토라라고 할 수 있습니다.

아마도 산상수훈 중 일부는 초기 기독교가 구성한 것일 테지만, 일부는 여전히 실제 예수에게로 거슬러 올라갈 수 있을 것입니다. 그 기준은 '임박한 종말론적·급진적 윤리'입니다. 대표적으로로 '… 복이 있나니'를 말하는 '팔복'(마태 5:1-12)과 누가복음 6장 20-23절에는 공통된 내용이 등장하는데, 여기에서 예수는 가난한 사람들과 배고픈 사람들이 하나님 나라가 임하면 더 이상 괴롭지 않을 것이라고 말합니다. 예수는 종말에 일어날 이러한 역전에 대해 반복해서 가르쳤습니다. 이와 동시에 예수는 가난한 사람들과 배고픈 사람들에게 그들이야말로 '세상의 소금과 빛'이라는 정체성을 심어주었습니다.

그러나 그다음에 등장하는 내용인 '율법과 선지자를 폐하러 온 것이 아니라, 완성하러 왔다'(마태 5:17)는 말은 실제 예수의 말보다는 마태복음이 보여주는 특유의 어법

---

* 예를 들어 '온유한 자는 복이 있다'(마태 5:5)는 구절은 "나는 … 온유하고"(마태 11:29)와 "… 그는 겸손하여 …"(21:5)와 평행을 이루고, 악한 눈을 다루는 5장 29-30절은 "네 손이나 네 발이 너를 범죄하게 하거든 …"(18:8-9)과 평행을 이룹니다.

에 가깝습니다. 예수의 관심사는 '율법'과 '선지자'를 완성하는 데 있지 않았고, 하나님 나라에 있었습니다. 그다음 구절에 등장하는 '일점 일획'이라는 표현은 그리스어에 기반합니다.** 예수는 그리스어를 사용하지 않았고, 이 표현과 비슷한 아람어 표현도 찾을 수 없습니다. 그러므로 이는 예수의 말이라고 보기 어렵습니다.

이어서 마태복음에는 분노, 간음, 이혼, 맹세, 보복, 사랑 등에 관한 기존의 가르침을 뒤집는 6개의 반(反)명제("옛 사람에게 말한 바 … 그러나 나는 너희에게 이르노니")가 등장합니다. 이것들도 예수의 급진적 윤리가 담긴 것으로 볼 수 있습니다. 이 구절들을 그대로 예수의 말로 볼 수는 없겠으나, 그 핵심 내용은 충분히 실제 예수가 가르친 것으로 볼 수 있습니다. 이것은 초기 기독교 공동체의 누구라도 지키기 힘든 내용이었기 때문입니다.

누가복음의 평지설교

마태복음에는 토라보다 예수의 권위를 더 높이기 위한 장치들이 사용되고 있지만, 누가복음에서 예수의 가르침은 그저 예수의 말을 모아 놓은 어록 형식으로 구성되어 있

** '일점 일획'의 그리스어 원문은 '이오타'와 '케라이아'인데, 이는 각각 그리스어의 가장 작은 알파벳과 구두점을 가리키는 이름입니다.

습니다. 이를 흔히 '평지설교'라고 부릅니다(누가 6:17 참고). 문학적인 의도가 드러나는 마태복음보다는 단순한 어록 형식을 띤 누가복음의 평행 본문들이 조금 더 예수의 원래 가르침에 가까울 것입니다. 마태복음과 달리 누가복음에서는 "원수를 사랑하라"(이는 예수의 어록 중 가장 중요한 내용일 것입니다) 등의 급진적인 윤리를 실천해야 할 이유로 하나님 나라의 보상이 제시됩니다(예수의 초기 제자들은 거의 다 가난한 사람들이었을 것이므로, 구제나 자선에 대한 가르침은 부유한 마태 공동체의 일원을 염두에 둔 초기 기독교 공동체의 작품일 것입니다).

주기도문(마태 6:5-15; 누가 11:2-4)은 하나님을 '아버지'라고 부르는 것, '하나님 나라'에 대한 간구, '먹을 것'을 구하는 것, '죄'에 관한 간구, '유혹과 악으로부터의 구원'을 달라고 하는 것 등 예수의 화법과 가르침으로부터 재구성한 것으로 보입니다. 주기도문의 마지막 송영구("나라와 권세와 영광이 아버지께 영원히 있사옵나이다 아멘")는 심지어 원 마태복음의 것이 아닌 후대의 것입니다.

'염려하지 말라'(마태 6:34)는 가르침은 '하나님 나라'와 연결되어 있는 급진적·종말론적인 예수의 격려입니다. 비판에 관한 윤리(마태 7:1)는 실제 예수의 것이라고 보기 어렵습니다. '눈에는 눈, 이에는 이'와 같은 동해보복(同害報復)을 금지한 예수의 가르침의 성격과 '비판에 대한 동일 기준 적용'(마태 7:2; 누가 6:37)은 양립하기 어려워 보이며, 오히려 유대적 성향에 가깝습니다. 게다가 이 부분은 '비판받지 않으려면' 비판하지 말라고 가르치지만, 실제의 예수는 비판을 두려워하지 않았던 것 같습니다.

그리고 기도에 대한 언급이 이어집니다. 예수는 분명히 기도의 힘을 믿었습니다. 그러나 대접받고 싶은 대로 대접하라는 7장 12절의 단서는 마태복음 저자 특유의 신학이 반영된 것으로 보입니다. 예수는 그저 약한 무리들이 전능하고 자비롭고 반드시 좋은 것으로 응답하시는 아버지에게 기도하기를 권했을 것입니다.

끝으로 예수는 누군가가 하나님 나라에 합당한지 아닌지는 '열매로 안다'고 가르쳤을 것입니다(마태 12:33 참고). 그리고 이것은 예수가 즐겨 말했던 비유의 방식이기도 합니다. 이보다 더 원래 형태에 가까운 비유는 누가복음에 있습니다.

"나무는 각각 그 열매로 아나니 가시나무에서 무화과를, 또는 찔레에서 포도를 따지 못하느니라"(누가 6:44)

미카엘 앙겔로 이멘라, 〈예수와 가나안 여인〉(1673-1678)

이방 여인은 자기 딸을 위해 예수에게

이방 지역으로 한 번만 가 달라고 부탁했지만

예수는 그 부탁을 끝까지 들어주지 않았습니다.

30장

수로보니게 여인

마가 7:24-30; 마태 15:21-28

유대인은 자기들이 선택받은 민족이라는 의식이 매우 강합니다. 이는 예수도 예외가 아니었습니다. 실제 예수가 이방인에게 호의적이었던 적은 없습니다. 이방 지역인 데가볼리에서 예수는 곤혹을 치렀습니다(이 책 22장 참고). 예수는 고향을 포기했을 뿐 아니라 이방 지역도 포기했고, 유대인들이 사는 갈릴리 지역에서만 사역했습니다. 이러한 점을 잘 보여주는 구절이 있습니다. 예수가 열두 제자를 불러 파송하면서 당부한 말인데, 이는 많은 사람들을 당혹스럽게 합니다. 그렇기에 이는 실제 예수의 말에 가깝다고 볼 수 있습니다.

> "이방인의 길로도 가지 말고 사마리아인의 고을에도 들어가
> 지 말고 오히려 이스라엘 집의 잃어버린 양에게로 가라"(마태
> 10:5-6)

그런데 언뜻 보기에는 서로 다른 이야기이지만, 마가
복음과 마태복음이 공유한 같은 이야기가 있습니다. 바로
'수로보니게 여인' 혹은 '가나안 여인' 이야기입니다. 이
이야기에서 예수는 두로와 시돈 지역으로 갔는데, 이곳
은 갈릴리의 서쪽이며 데가볼리와는 반대편에 있는 지역
입니다. 두로와 시돈에 대한 호의적인 전승이 공관복음에
공유된 것으로 보아,* 아마 그 지역에서 예수를 만나러 온
사람이 몇몇 있었을지도 모릅니다.

이방 여인의 딸을 고치다

이 일화 속의 이방 여인은 예수에게 귀신 들린 자기 딸을
고쳐달라고 간청합니다. 이때 '귀신 들렸다'는 것이 정확
히 무엇을 의미하는지는 알 수 없습니다. 마태복음은 딸
이 '흉악하게' 귀신 들렸다고 표현하는데, 이때 사용된 단

* 마가 3:8; 마태 11:21-22; 누가 6:17, 10:13 참고

어는 '카코스'로서 아마도 '병들었음'을 의미하는 듯합니다.** 그런데 예수의 반응은 냉정합니다. 예수는 그 이방 여인을 개로 비유하며('개'는 당시 경멸적 의미로 사용된 표현입니다) '자녀'의 빵을 '개'에게 줄 수 없다고 거절합니다. 그러나 여인은 물러서지 않고 이렇게 대꾸합니다.

> 마가복음: "주여 옳소이다마는 상 아래 개들도 아이들이 먹던 부스러기를 먹나이다"(마가 7:28)
>
> 마태복음: "주여 옳소이다마는 개들도 제 주인의 상에서 떨어지는 부스러기를 먹나이다"(마태 15:27)

이 말을 들은 예수는 딸이 나았으니 집으로 돌아가라고 말하고, 집으로 돌아간 여인이 딸이 나은 것 혹은 딸에게서 귀신이 나간 것을 보았다는 말로 이야기는 끝이 납니다.

지혜로운 이방 여인

복음서의 문학적 위치를 고려할 때, 이 이야기는 (유대인의 눈에) '더러운 것을 먹는' 이방인이지만 그의 입에서 '나오는 말은 더럽지 않고 오히려 지혜로운' 이방 여인의

** 마태 4:24, 8:16, 9:12, 14:35, 특히 17:15의 '심히' 참고

모습을 보여주기 위한 일화입니다. 즉 이 이야기는 음식법에 대한 예수의 입장을 보여주는 사례로 사용되었을 것입니다. 여기에는 이방 선교를 정당화하기 위한 목적도 있습니다.

실제 예수가 두로와 시돈 지방으로 가지는 않았을 것입니다. 이 장의 첫머리에서도 언급했듯이, 제자들에게도 가지 말라고 한 이방 땅에 스스로 찾아갈 이유는 없습니다. 그러나 예수를 직접 찾아온 이방 여인이 존재했을 확률은 있습니다. 그녀가 어떻게 알고 찾아왔는지, 그리고 무슨 대화를 나누었는지 알 길은 없지만*(이방 여인이 예수를 부르는 표현에는 초기 기독교의 신학이 녹아 있습니다), 적어도 예수는 탐탁치 않게 느꼈을 것입니다.

이방 여인은 자기 딸을 위해 예수에게 이방 지역으로 한 번만 가 달라고 부탁했지만, 예수는 그 부탁을 끝까지 들어주지 않았습니다. 그녀는 사랑하는 종을 고쳐달

---

* 이방 여인과 예수는 사용하는 언어가 달랐을 것입니다. 이방 여인과 예수의 대화가 역사적 사건이라면 이 둘이 어떻게 대화했는지 알 수 없습니다. 다만 예수의 제자 중 '빌립'은 그리스어를 구사했을 것입니다. 사도행전 8장에 의하면 바울보다 먼저 예수 운동을 이방에 전한 것이 '사도' 빌립일 가능성이 제기됩니다. 요한복음은 예수의 제자 빌립이 그리스어를 할 수 있었다는 전승을 갖고 있습니다(요한 12:20-21 참고).

라고 찾아온 백부장[**]처럼 원거리 치유를 부탁하지 않습니다. 원거리 치유는 초기 기독교 공동체의 이방 선교를 정당화하기 위한 복음서 저자들의 신학적 진술입니다. 공관복음의 전승은 예수가 적어도 두로와 시돈 지방에서는 권능을 행하지 않았을 가능성을 자체적으로 전하고 있습니다.("너희에게 행한 모든 권능을 두로와 시돈에서 행하였더라면". 마태 11:21; 누가 10:13)

아무리 이방인이라고 해도, 혹은 여성이라고 해도 예수가 자신을 찾아온 사람을 내친 경우는 없었겠지만, 이 이야기에서 예수는 어떤 이유인지 모르나 자신을 찾아온 이방 여인을 개라고 모욕까지 하며 무시했습니다. 그러나 여인은 끈질기게 딸을 구해달라며 예수를 따라다녔습니다. 그 여인이 '흉악하게 귀신들린' 딸을 혼자 두고 예수를 찾아오진 않았을 것이며, 아마 딸과 함께 예수를 찾아왔을 것입니다. 어느 날 예수를 따라다니던 그 여인의 딸의 병이 나았고, 그것을 본 그녀는 예수를 믿으며 자신의 민족도 구원을 받기를 바라는 마음에 이방 민족에게로도 와달라고 예수를 설득했을지 모르겠습니다(예수가 '설득되어' 마음을 바꾸었다는 놀라운 내용이 이 일화에 담겨 있습니다). 여인은 비록 자신과 딸을 내쫓진 않았지만 유대인만

[**] 마태 8:5-13; 누가 7:1-10

신경 쓰던 예수에게 실망하여 집으로 돌아가려고 했을 것입니다(적어도 예수의 첫 제자들이 예수 사후에 이방인이 자신들의 무리로 들어오는 것 자체에 반대했다는 내용은 찾을 수 없습니다.). 그 모녀가 떠날 때, 예수는 그들을 붙잡기보다는 이렇게 작별 인사를 했을 것입니다.

"돌아가라 귀신이 네 딸에게서 나갔느니라"(마가 7:29)

피에르토 페루지노, 〈베드로에게 열쇠를 주는 그리스도〉(1481-1482)

예수는 적어도 '주'(퀴리오스) 혹은 '하나님의 아들'과 같은

칭호를 살아생전 들어보지 못했을 것입니다.

그러나 '그리스도' 혹은 '메시아' 정도는

충분히 들었을 수 있습니다.

31장

너희는 나를 누구라 하느냐

마가 8:27-9:1; 마태 16:13-28; 누가 9:18-27

가이사랴 빌립보는 헤롯 대왕의 아들 헤롯 필립이 로마 황제(카이사르)의 호의를 얻기 위해 세운 도시입니다. 이곳은 로마식으로 기획되어 동상과 신전 등을 세움으로써 황제에게 헌정되었으며, 이미 존재하던 도시 가이사랴(카이사레아)와 구별하기 위해 헤롯 필립 자신의 이름을 본땄습니다. 그 이전에는 '파니아스'라고 불렸고, 훗날 이곳은 네로를 기리기 위해 '네로니아스'라는 이름으로 개칭되었습니다. 그러나 대다수는 여전히 이곳을 헤롯 필립이 지은 이름을 따라 가이사랴 빌립보라 불렀습니다.

너희는 나를 누구라 하느냐

공관복음의 기록에 따르면, 예수와 제자들은 가이사랴 빌립보로 이동했고 여기서 예수가 자신에 대해 어떤 말이 들리는지 제자들에게 물었다고 기록합니다. 그러자 제자들은 '세례 요한', '엘리야', 혹은 '선지자 중 하나'라는 소문이 있다고 제자들이 답합니다. 예수는 그들에게 한번 더 묻습니다.

"너희는 나를 누구라 하느냐?"

그때 베드로는 이렇게 대답합니다.

"주는 그리스도시니이다"(마가 8:29)

"주는 그리스도시요 살아 계신 하나님의 아들이시니이다"(마태 16:16)

"하나님의 그리스도시니이다"(누가 9:20)

그 대답을 들은 예수는 갑자기 제자들에게, 자신은 '죽을 것'이지만 '다시 살아날 것'이라며 자신의 운명에 대해 비장하게 예고합니다. 마가복음과 마태복음에 따르면 베드로는 그 말을 듣고 깜짝 놀라 그런 일이 일어나서는 안 된다며 예수에게 대들었습니다(누가복음은 이 장면을 삭제했습니다). 예수는 그런 베드로에게 "사탄아 물러가라"(마가 8:33; 마태 16:23)라고까지 말합니다. 예수는 처음에 세례를 받은 뒤 광야에서 사탄의 유혹과 싸운 그때의 기억을 떠올렸을지도 모르겠습니다.

이어서 공관복음은 예수가 제자들에게 '십자가를 지고 자신을 따라오라'는 예언적 비유를 들려주고, 이제부터 자신을 따라오려면 죽음을 각오해야 한다는 것을 가르쳤다고 하며 이야기를 마무리합니다.

그리스도라는 호칭

이 이야기의 배경인 가이사랴 빌립보는 예수의 활동 무대라고 하기에는 지나치게 북쪽에 있습니다. 예수는 제자들에게 사마리아인의 마을로 가지 말라고 했는데, 가이사랴 빌립보는 사마리아 지역보다 더 북쪽에 있습니다(20쪽 지도 참고). 즉, 가이사랴 빌립보에 예수와 제자들이 실제로 가지는 않았을 것입니다. 이러한 배경 설정은 예수의 지위를 정치적으로나 종교적으로 부각시키기 위한 문학적 장치일 것입니다.

그러나 가이사랴 빌립보가 아니라고 해도, 예수가 제자들을 모아놓고 자기 자신에 대해 들은 바가 없는지 궁

금해했을 것은 분명합니다. 그러나 예수는 적어도 '주'(퀴리오스) 혹은 '하나님의 아들'과 같은 칭호를 살아생전 거의 들어보지 못했을 것입니다. 제자들 역시 예수를 그렇게까지 생각하지 못했습니다. 단 베드로의 대답에서 공관복음이 공통적으로 전혀 수정하지 않는 한 가지 칭호, '그리스도' 혹은 '메시아' 정도는 충분히 들었을 수 있습니다. 메시아라는 칭호는 '신성한 것'이 아니라 하나님이 세운, 시대를 구할 영웅에게 주어지는 일종의 명예로운 칭호였습니다. 예수는 제자들 사이에서, 그리고 적어도 갈릴리 지역에서는 한동안 보지 못한 카리스마를 가진 하나님의 사람으로 인정받았습니다.

또한 베드로와 예수가 다투고 베드로가 예수에게 '사탄'이라는 말까지 들은 이야기는 충분히 사실성이 있습니다. 마가복음에서 이 둘 사이의 관계는 훨씬 더 팽팽합니다. 예수는 베드로의 대답에 칭찬은커녕* 오히려 "입을 다물라"고 함구령을 내립니다. 물론 이 장면은 각색된 것일 확률이 높습니다. 소위 마가복음에 종종 등장하는 예수의 함구령은 왜 예수에 대한 소문(특히 기적을 일으킨 일들)이

---

* 마태복음에서 예수는 베드로를 칭찬하고 '반석'(베드로)위에 교회를 세울 것이라고 말하는데, 이는 후대 교회의 신학이 너무도 적나라하게 들어가 있는 장면입니다.

생각보다 널리 퍼지지 않았느냐에 대한 변증적 답을 주기 위한 후대 기독교의 창작이기 때문입니다.

죽음과 부활 예언

그러나 예수가 자신이 죽음을 겪고 사흘 만에 다시 살아날 것이라고 제자들에게 예언했다고 보기는 어렵습니다. 아마도 예수는 스스로 확신을 갖고, 예루살렘으로 가서 그곳의 제사장들과 서기관들에게 하나님 나라를 선언해야겠다고 말했을 것입니다. 단순히 곧 찾아오는 유월절을 지키러 가는 것이 아니라 그동안 가르친 것들을 예루살렘에서도 선포하고 사람들을 깨우치자고 제자들에게 말했을 것입니다. 이 말을 들은 베드로는 (너무 위험했기에) 터무니없는 소리라고 항변했을 것입니다. 그때 예수는 '나를 부끄러워하지 말라'(마가 8:38)고 다소 거친 언어로 제자들을 꾸짖었을 것입니다.

그리고 예수는 자신의 내면 가장 깊은 곳에 품고 있던 말을 비로소 제자들에게 꺼냈습니다. 그것은 바로 하나님 나라가 이제 곧 완전히 실현될 것이라는 말이었습니다. 예수가 예루살렘으로 가서 '하나님의 나라'를 선포하겠다고 각오하게 만든 근원적 믿음은 바로 이것이었습니다.

"내가 진실로(아멘) 너희에게 이르노니 여기 서 있는 사람 중에는 죽기 전에 하나님의 나라가 권능으로 임하는 것을 볼 자들도 있느니라." (마가 9:1)

공생애의 후반부: 예루살렘의 예수

피에트로 로렌체티, 〈예루살렘 입성〉(1320)

만약 사람들이 왕을 맞이하듯 예수를 맞이하는

요란한 '정치적 퍼포먼스'가 실제로 이루어졌다면,

유월절 기간에 예루살렘의 질서를 지키려고 온 예민한 로마 군인들이

결코 눈감아줄 만한 일이 아니었을 것입니다.

32장

예루살렘 입성

마가 11:1-11; 마태 21:1-11; 누가 19:28-40; 요한 12:12-19

유월절

유월절은 유대인 최대의 명절로, 이스라엘의 건국 신화인
이집트 탈출 사건을 기념하는 날입니다. 이곳저곳에 흩어
진 유대인들은 모두 이 유월절을 지내기 위해 예루살렘으
로 순례를 떠났습니다. 우리가 크리스마스 이브를 보내듯
유월절 기간은 유월절 전날 저녁에 시작되어(유월절에 먹
을 어린 양을 이때 도축합니다) 일주일간 유월절의 절기, 즉
무교절을 보내게 됩니다. 그러나 유월절을 지키기 위해서
는 정결 예식이 필요했으므로 보통 유월절 일주일 전에

예루살렘에 도착해야 했습니다.

역사가 요세푸스는 유월절 기간이 되면 약 200만 명의 인구가 예루살렘에 넘쳐났다고 기록합니다. 이는 과장된 숫자일 것이나, 적어도 평상시와는 비교가 되지 않을 정도로 많은 인구가 예루살렘에 모였다는 것은 분명합니다. 게다가 당시 유월절을 지내는 것은 로마제국으로부터의 해방을 바라는 일종의 정치적 비폭력 시위의 성격도 있었기에, 로마에서 파견된 유대 총독 본디오 빌라도 역시 평소에는 항구 도시 카이사레아에 머물다가 유월절이 다가오자 군대와 함께 예루살렘에 와 있었습니다.

예루살렘 입성

사복음서는 예수가 예루살렘에 입성할 때의 장면을 묘사하며 두 가지 특징을 공통적으로 전달합니다. 하나는 예수가 '나귀를 탔다'는 것이고, 또 다른 하나는 '환호하는 무리'가 있었다는 것입니다. 구약성서 스가랴 9장 9절의 예언에 따라 예수는 나귀를 탔습니다. 예수와 제자들은 예루살렘 근처까지 걸어왔는데, 예루살렘에 도착할 무렵 예수는 제자 둘에게 나귀를 구해오라고 시킵니다. 마가복음, 누가복음, 요한복음은 '나귀 새끼' 한 마리를, 마태복음은 '나귀'와 '나귀 새끼' 총 두 마리를 언급합니다. 아마도 예언 성취를 지나치게 강조하고 싶었던 마태복음 저자가 스가랴 9장 9절의 "나귀 곧 나귀 새끼"를 "나귀와 나귀 새끼"로 오해한 것 같습니다(우리말 성경은 번역이 명료하게 되어 있어서 눈치채기 어렵지만, 충분히 '나귀와 나귀 새끼'로 착각할 수도 있습니다). 그리고 사복음서 모두 예수가 나귀를 타고 예루살렘 성으로 들어갈 때, 마치 왕의 행차를 맞이하듯 사람들이 겉옷과 나뭇가지를 던지고 앞뒤로 "호산나"(구원하소서)를 외치는 등 요란했다고 전합니다.

이 장면은 전체적으로 신학적 색채가 매우 짙습니다. 예를 들어 예수가 제자들더러 나귀 주인에게 "주가 쓰시겠다 하라"라고 말하라고 했다는 내용은 지나친 각색입니다. '주'(퀴리오스)라는 호칭은 실제 예수를 가리킬 때 쓰이지 않았으며, 이는 후대 교회의 것입니다. 아마도 예수는 그냥 제자들과 함께 걸어서 예루살렘 성에 들어갔을 것이며, 혹여나 정말로 나귀를 탔다면 굳이 무리해서 돈을 주고 나귀를 빌렸을지도 모르겠습니다(예수가 탄 그 나귀는 뒤에 다시 언급되지 않습니다).

이 이야기에 언급되는 '감람산', '벳바게', '베다니' 등은 실제 존재했던 장소일 가능성도 있지만, 상당히 상징적인 지명입니다. '벳바게'는 '설익은 무화과나무의 집'이라는 뜻인데, 예루살렘 입성 이후 예수가 무화과나무를 저주하는 이야기가 이어집니다(이 책 33장 참고). '베다니'는 '고통받는 자의 집'이라는 뜻이며, 감람산은 스가랴 14장 4절에 등장하는 지명입니다.

한편 유월절을 앞둔 예루살렘에는 수많은 사람이 모여들었을 텐데, 그곳의 사람들 중 예수와 제자들을 특별히 맞이할 만한 사람들은 없었습니다. 요한복음은 이 문제를 해결하기 위해 '나사로를 죽은 자 가운데서 살렸기 때문에' 예수의 유명세가 예루살렘에 전해졌다고 말합니다. 그러나 공관복음은 나사로의 부활 이야기를 언급조차 하지 않습니다.

조용한 입성

더욱이 만약 사람들이 왕을 맞이하듯 예수를 맞이하는 요란한 '정치적 퍼포먼스'가 실제로 이루어졌다면, 유월절 기간에 예루살렘의 질서를 지키려고 온 예민한 로마 군인들이 결코 눈감아줄 만한 일이 아니었을 것입니다. 사도행전에는 예언자와 그를 따르는 무리가 로마에 의해 어떤 취급을 당했는지 지나가듯이 언급됩니다(행 5:36). 예수가 사망한 뒤 '드다'라는 예언자가 나타났는데 그는 지나치게 많은 사람들을 모았다는 이유로 당시 유대 총독 파두스에 의해 참수당했습니다. 이름이 알려지지 않은 '어느 한 이집트인'은 수백 명의 무리를 감람산으로 모아 예루살렘의 멸망을 예언하고 스스로 왕을 자처했는데, 당시 총독 벨릭스는 그들을 모조리 처단했습니다(400명은 죽이고 200명은 체포했습니다). 따라서 만약 예수가 그런 소동 없이 예루살렘에 입성했다면, 그렇게 눈에 띄는 퍼포먼스는 일어나지 않았을 것입니다.

아마 예수와 제자들은 유월절을 맞아 예루살렘으로 가는 수많은 순례자들 속에 섞여들어 함께 들어갔을 것이고, 예루살렘 성에 들어가며 그에 걸맞는 유대인들의 전통적인 시편 찬송을 자유롭게 불렀을 것입니다. 그렇게 순례자들이 찾아올 때, 아마도 예루살렘 주민들은 축제 기간에 찾아온 예수와 그를 따르던 사람들을 포함한 순례객들을 기쁘게 맞이했을 것입니다.

"여호와여 구하옵나니 이제 구원하소서 여호와여 우리가 구하옵나니 이제 형통하게 하소서"(시편 118:25)

"할렐루야 하늘에서 여호와를 찬양하며 높은 데서 그를 찬양할지어다"(시편 148:1)

"호산나 찬송하리로다 주의 이름으로 오시는 이여 찬송하리로다 오는 우리 조상 다윗의 나라여 가장 높은 곳에서 호산나 하더라"(마가 11:9-10)

조토 디 본도네, 〈환전상을 내쫓는 예수〉(1303년경)

예수의 눈에 예루살렘의 유대교는

전혀 경건이 보이지 않는 종교였고

가난한 사람들과 억압받는 사람들은 하나님께 가까이 갈 수도 없는

썩은 종교나 다름없었습니다.

33장

성전 난동과 무화과나무 저주

마가 11:12-22; 마태 21:12-22; 누가 19:45-48; 요한 2:13-22

유월절을 지내러 예루살렘에 간 예수는 이곳저곳을 구경하고 있었습니다. 그러다가 이해하기 어려운 두 가지 행동을 합니다. 으레 제대로 된 열매를 맺을 수 없었던 무화과나무를 보고 열매를 맺지 못한다며 저주한 사건과, 유월절을 준비하기 위해 당연히 열리는 성전의 장터에서 난동을 부린 사건입니다. 마가복음은 이 두 사건이 합쳐져하나의 이야기가 됨을 보여줍니다. 반면 마태복음은 두이야기의 관계를 이해하지 못해 각각 두 사건으로 나누었고, 무화과나무 저주 사건을 단순한 기적 이야기로 바꾸어 놓았습니다. 누가복음과 요한복음은 도무지 무화과나무 저주 사건을 이해하지 못해 삭제한 듯합니다. 심지어 요한복음은 성전 난동 사건의 날짜를 예수 생애 초기로 옮겨버렸습니다. 따라서 이 이야기에 반영된 원래의 신학적 목적을 알기 위해서는 마가복음을 살펴야 합니다.

무화과나무 저주

예루살렘에 간 예수는 열매가 열리지 않았다며 무화과나무를 저주했습니다. 그런데 원래 무화과나무가 열매를 제대로 맺는 시기는 6월 즈음입니다. 그러나 유월절은 매년 3-4월 중에 있습니다. 따라서 유월절 시기에 무화과가 열리지 않은 것은 당연합니다. 그렇다면 예수는 왜 그 나무를 저주했을까요? 마가복음은 의도적으로 예수가 무화과나무를 저주하는 장면과 무화과나무가 말라서 죽는 장면 사이에 예수가 성전 난동 사건을 일으켰다고 서술함으로써, 예수의 이 저주가 실상은 유대교를 겨냥한 예언자적인 '상징 행위'* 라는 것을 드러냅니다.

　　예수가 '배가 고팠다'는 등의 표현은 예수의 종교적 갈망을 나타내는 문학적 장치입니다. '무화과나무의 때'

---

* 예레미야나 에스겔 등의 예언자들도 이러한 '상징 행위'를 했습니다. 예레미야 13:1-11, 27:2-11; 에스겔 4:1-17 등 참고.

가 아니라는 것은 단순히 실제 나무에 열매가 없었다는 것에 대한 보충 설명입니다. 언뜻 보면 배가 고팠던 예수가 열매가 열리지 않은 무화과나무에 부당하게 화풀이한 것처럼 보이지만, 오히려 '배고픈 사람들'에게 '잎만 무성하고 열매가 없는 나무'가 쓸모없듯이(때와 상관없이) 종교적 절차들과 규례가 무성하지만 사실 단 한 사람도 실존적으로 구원할 수 없는 유대교가 쓸모없다는 것을 알리기 위해 예수는 그 나무를 저주한 것입니다. 행위를 통해, 혹은 연극을 통해 일종의 비유를 보여준 것입니다.

성전 난동

한편 예수는 성전의 장터에서 난동을 부렸습니다. 당시 유월절에 바칠 동물이 순례 길을 가는 중에 흠 없이 보존되기는 거의 불가능했기에, 순례자들은 예루살렘에 도착한 뒤 동물을 사서 바쳐야 했습니다. 또한 거룩한 유대인의 명절에 감히 예루살렘 제사장들과 서기관들이 허락하지 않은 '부정한 동전'을 사용할 수 없었으므로, 환전이 필요했습니다. 마가복음은 이런 일들이 '성전 안에서' 이루어지는 것을 보고 예수가 분노하여 장사하는 사람들을 내쫓고 의자를 엎었다고 표현합니다. 더 나아가 아무나 '물건'(즉 그릇)을 가지고 성전 '안으로' 들어가는 것을 막기까지 했다고 이야기합니다. 아마도 마가복음은 예수가 어떤 부정한 무언가를 성전에 들이는 것 자체에 분노했다고 묘사하고 싶었던 것 같습니다.

부패한 유대교에 분노하다

예수는 성인이 되어 깨달음을 얻고, 사역을 시작한 이후 예루살렘의 유월절 축제에 처음 왔습니다. 물론 어린 시절에 몇 번 왔을 수도 있습니다(가난했던 예수의 가정이 유월절을 매년 지킬 수는 없었을 것입니다). 그러나 지금 예수가 예루살렘에 온 이유는 단순히 유대인의 한 사람으로 명절을 지키러 온 것이 아니라, 오히려 제대로 된 유대교를 위해 모든 민족이 모인 곳에서 하나님 나라를 선포하기 위해 온 것입니다. 그런 그의 눈에 예루살렘은 너무 화려했습니다. 어린 시절에는 미처 몰랐지만, 깨달음을 얻은 시골 갈릴리 청년 예수의 심성에 이는 도무지 납득할 수 없었던 규모였을 것이고, 생선이나 곡식 중심으로 식사를 해왔을 예수에게 값비싼 고기 음식은 너무도 역겨웠을지도 모릅니다. 예수의 눈에 예루살렘의 유대교는 전혀 경건이 보이지 않는 종교였고, 가난한 사람들과 억압받는 사람들은 하나님께 가까이 갈 수도 없는 썩은 종교나 다름없었습니다.

아마 실제로 '성전 안'에서 장터가 만들어지지는 않았을 것입니다. 제아무리 부패한 제사장들이나 서기관들이 돈을 위해 이런저런 매매나 환전 제도를 만들었을지라도, 경건한 유대인들, 특히 바리새인들이 성전 안에서 그런 짓을 하는 것을 용납하지 않았을 것입니다. 실제로 그런 일들은 모두 성전 밖에서 이루어졌을 것이며, 복음서는 유대교의 부패함을 강조하기 위해 이를 성전 안에서 일어난 일로 설정했을 것입니다. 예수가 소란을 피운 것은 분명하지만 눈에 띨만큼의 난동은 아니었을 것입니다. 만약 정말로 사람들을 내쫓고 의자를 뒤엎는 난동을 피웠다가는 그 자리에서 체포되었을 것입니다. 아마도 예수는 성전 밖의, 매매가 허락된 장소에서 작게 화풀이 정도를 했을 것이며, 무화과나무에 대고 예루살렘의 유대교에 대한 심판을 선언했을 것입니다.

> "이제부터 영원토록 사람이 네게서 열매를 따 먹지 못하리라"(마가 11:14)

페테르 파울 루벤스, 〈세금〉(1612)

예수는 세금을 내는 문제를 크게 신경 쓰지 않았습니다.

예수의 눈에는 임박한 하나님 나라가

정치적 문제까지도 한꺼번에 해결할 것이었기 때문입니다.

34장

가이사의 것은 가이사에게

마가 12:13-17; 마태 22:15-22; 누가 20:20-26

가이사에게 세금을 바치는 것이 옳은가

마가복음에 의하면, 예수는 예루살렘에서 큰 인기를 끌었고 이에 제사장과 서기관들은 예수가 어떤 사람인지 궁금해졌습니다. 그들은 예수가 소란을 피우는 이유를 묻고 다그치려 했으나 실패했습니다(마가 11:27-33; 마태 21:23-27; 누가 20:1-8 참고). 그래서 그들은 바리새인들과 헤롯당*을 보내 예수의 흠을 잡으려 했습니다. 그들은 예

---

* '헤롯당'이 어떤 사람들을 뜻하는지는 알 수 없습니다. 이는 성서 외의 문헌에는 나오지 않는 단어입니다. 문맥상 '건달'에 가까울 듯합니다.

수에게 이렇게 질문합니다.

> "가이사(카이사르)에게 세금을 바치는 것이 옳으니이까 옳지
> 아니하니이까?"(마가 12:14)

그 대답을 듣고 예수는 데나리온 동전 한 닢(그러나 고
고학적 증거에 의하면 아마 세겔을 썼을 수도 있습니다.)을 보
여달라고 합니다. 그리고 되묻습니다.

> "이 형상과 이 글이 누구의 것이냐?"(마가 12:16)

그들은 '가이사의 것'이라고 대답하는데, 여기에 대
해 예수는 그 유명한 대답을 합니다.

> "가이사의 것은 가이사에게, 하나님의 것은 하나님께 바치
> 라."(마가 12:17)

이 장면은 두 가지를 보여줍니다. 첫째, 예수는 자신
을 시험하러 온 사람들이 위선자임을 폭로합니다. 이 이
야기에 등장한 데나리온은 가이사, 즉 로마 황제 카이사

르의 얼굴과 그를 찬양하는 글귀가 앞뒤로 적힌 은화*였는데, 예수는 자신을 시험하는 사람들이 이런 동전을 가지고 있었다는 것을 공개적으로 드러낸 것입니다. 둘째, 예수는 세금을 내는 문제를 크게 신경 쓰지 않았습니다. 그 이유는 예수가 정치적 사안에 무관심했기 때문이 아닙니다. 예수의 눈에는 임박한 하나님 나라가 정치적 문제까지도 한꺼번에 해결할 것이었기 때문입니다.

가이사의 것은 가이사에게

사실 당시 너무도 시끌벅적했을 예루살렘에서 예수는 큰 이목을 끌지 못했을 것입니다. 그리고 예루살렘에서 힘 있는 사람들이 예수를 찾아와 굳이 이런 민감한 문제를 아무런 배경도 없는 시골 청년에게 물었을 리 만무합니다. 오히려 예수의 제자인 열심당 출신 시몬(이 책 16장 참고)이 예루살렘에서 과격한 행동을 한 예수에게 세금 문제에 대해 물었을 확률이 훨씬 더 높습니다.** 당시 유대인

---

*   이 이야기에서 데나리온은 티베리우스 황제의 동전을 암시하는데, 만약 그 동전이 맞다면 'TIBERIUS CAESAR DIVI AUGUSTI FILIUS AUGUSTUS', 즉 "티베리우스 카이사르 아우구스투스, 신성한 아우구스투스의 아들"이라고 적혀 있었을 것입니다.

** 도마복음 100절에는 세금에 관한 예수의 동일한 대답이 있는데, 여기서 질문한 사람들은 '그들'로 나옵니다. 도마복음 99절은 이 '그들'이 제자

들은 로마의 지배를 받았기에 현실적으로 세금을 바치지 않을 수 없었지만, 일부 열심당 사람들은 세금을 바치는 것 자체를 우상숭배로 여기고 로마에 저항했다가 탄압을 당한 역사가 있었습니다.

비록 마가복음 내에서는 상당한 문학적 손질이 가해진 논쟁 일화로 구성되어 있기에 모든 것이 예수의 말이라고 보긴 힘들지만, 적어도 마지막 말인 '가이사의 것은 가이사에게, 하나님의 것은 하나님에게'만큼은 실제 예수의 말로 볼 수 있습니다. 다만 이 말 자체는 분명 모호합니다. 세금을 내라는 것인지, 말라는 것인지 알 수 없습니다. 그러나 다른 한편으로, 그렇기에 종교적으로나 정치적으로 유연하게 대처할 수 있는 말이기도 합니다.

마태복음과 누가복음은 예수가 곤란한 질문을 너끈히 물리친 것처럼 지나치게 긍정적으로 기록합니다. 그러나 마가복음은 그렇지 않습니다. 마가복음은 예수의 말을 들은 사람들이 '예수에 대해 당황했다'고 묘사합니다.[*] 아마도 예수의 의도적인 양면적 표현을 이해하기에는 제

들이라는 맥락을 제공합니다. 예수의 제자 중 세리가 있었다는 전승은 이러한 맥락에서 더욱 흥미롭습니다.

[*] 마가 6:6 참고. 여기에 쓰인 표현은 마가복음 15장 44절에서 예수와 빌라도에게 사용된 것과 동일한 표현입니다.

자들은 너무 단순했기에, 그들 중 일부는 이 말을 너무 정치적으로 해석했고, 또 일부는 너무 종교적으로 해석했을 것입니다. 그래서 제자들의 마음속에는 각자 과연 예수가 제대로 된 스승인지에 대한 의심이 생겼을 것입니다.

자메 티소, 〈과부의 데나리온〉(1886-1894)

가난한 과부 등을 부당하게 착취하며 유지되는 성전을 두고

예수는 공개적으로 사람들에게 이야기했을 것입니다.

이런 성전은 무너져야 하며, 이 성전이 무너지지 않으면

자신이 철저히 무너뜨리겠노라고.

35장

과부, 서기관, 성전

마가 12:35-13:2; 마태 22:41-23:36, 24:1-2; 누가 20:41-21:9

일요일에 예루살렘에 입성한 예수는 하루도 가만히 있지 않았습니다. 그의 눈에 너무 많은 것이 거슬렸기 때문입니다. 복음서는 공통적으로 예수가 예루살렘에 입성한 뒤 너무도 많은 싸움을 하고 다녔다고 (그러나 통쾌한 승리를 거둔 것처럼) 기록합니다.

서기관들을 비판하다

아마도 그중에서 가장 신뢰할 수 있는 사건은 서기관들을 공개적으로 비난한 몇몇 사건일 것입니다. 첫째, 예수는 성전에서 서기관들이 다윗의 후손 중에서 그리스도가 태어날 것이라고 가르치는 것을 비판하고, 시편을 해석하여 그리스도가 다윗의 후손이 아니라고 가르쳤습니다.* 둘째, 예수는 서기관들이 사람들의 인사 받기를 좋아하는 것과 그들의 옷차림, 그들의 잘난 척(상석에 앉거나 기도를 길게 하는 것)을 비판했습니다. 셋째, 예수는 예루살렘 성전에서 사람들이 헌금 통에 돈을 넣는 것을 지켜보았습니다. 예수는 부자들이 돈을 많이 넣는 것과, 허름한 옷차림의 과부가 와서 '두 렙톤'을 넣는 것을 보았습니다. 이를 본 예수는 제자들에게 이 과부가 그 누구보다 많은 돈을 넣었다고 탄식한 뒤, '성전이 무너져야 한다'고 이야기했습니다.

첫 번째 사건인 '다윗의 자손과 그리스도'라는 주제를 둘러싼 예수와 서기관의 대화(마가 12:35-37)에는 초기 기독교의 각색이 상당히 느껴집니다. 그러나 예수는 분명 서기관들에게서 불쾌함을 느꼈을 것이며 그들이 무언가

---

* 예수의 이 말은 흔히 예수가 '선재한 로고스'라는 요한복음의 기독론과 관련되어 해석되곤 합니다. 하지만 이것은 단지 그리스도는 '다윗의 혈통'이 아니라는 지적입니다. 예수의 족보는 그런 점에서 이 장면과 어울리지 않습니다. 예수는 다니엘서에 기록된 '인자'를 그리스도로 생각했을 것입니다. 당시에는 크게 다윗의 자손, 천상의 인자라는 두 메시아 사상이 혼재해 있었습니다.

를 가르치고 있을 때 공개적으로 말을 끊고 반박했을 가능성이 충분히 있습니다. 예수는 서기관들의 인격이 형편없고 신앙도 가식이며, 심지어 실력도 없는 자들이 돈만 밝힌다고 비난했습니다.

과부의 헌금

이어서 마가복음은 둘째로 예수가 서기관의 허례허식을 비난하고 '과부의 가산을 삼키는 자'라고 욕을 하는 장면을 보여준 뒤, 셋째 장면인 어느 과부가 전 재산을 헌금하는 것을 보고 탄식하는 장면을 보고합니다. 이 이야기는 헌금에 대한 칭찬으로 자주 오해됩니다. 그러나 예수는 과부의 헌금을 칭찬한 적이 없습니다.

성전에는 제사장들이 접근할 수 있는 '금고'와 일반 백성이 접근하여 돈을 바칠 수 있는 '모금함' 즉 헌금 통이 구별되어 있었습니다. 과부뿐 아니라 대다수 사람들은 바로 그 성전 앞뜰에 놓인 여러 개의 헌금 통에 돈을 바쳤습니다. 그 헌금의 명목은 모두 성전 유지비였는데, 예루살렘의 서기관들은 개개인에게 사람들을 교육한 대가를 받아갔을 뿐 아니라 성전 유지비로 들어오는 헌금의 일부까지도 제사장들과 나누어 가졌습니다. 예수는 그런 곳에 전 재산을 다 바치는 과부를 보며, 아마도 가난하게 홀로 자신을 키우며 애써 모은 재산을 성전 모금함에 넣고 기도하던 자신의 어머니 마리아를 떠올렸을지도 모릅니다. 당연하게도 예수는 도무지 이런 식으로 유지되는 성전에 하나님이 있다고는 생각할 수 없었을 것입니다.

이 성전은 무너질 것이다

마가복음에 의하면, 과부가 헌금하는 것을 본 뒤 예수는 성전을 나가며 이렇게 말합니다.

> "네가 이 큰 건물들을 보느냐 돌 하나도 돌 위에 남지 않고 다 무너뜨려지리라"(마가 13:2)

당시 헤롯 대왕의 건축 사업에는 예루살렘 성전 증축도 있었는데, 그가 죽고 나서 예수가 예루살렘에 온 시점에도 건축은 여전히 진행 중이었습니다. "돌 하나도 돌 위에 남지"는 아직 건축이 진행되고 있는 모습을 에둘러 나타냅니다. 그러나 아마도 성전이 무너질 것이라는 말은 훗날 예루살렘 성전이 무너진 뒤, 그것이 예수의 예언의 성취임을 보여주기 위해 각색된 내용일 것입니다.

나중에 예수는 산헤드린 공회에서 '성전을 허물고 사흘 만에 짓는다'고 말했다며 고소를 당하고(마가 14:58),

십자가 처형 장면에서도 마가복음은 이 표현을 한번 더 사용하여 예수가 조롱당하는 장면을 묘사합니다(마가 15:29). 요한복음(2:19)과 도마복음(71절)은 이를 예수가 직접 한 말로 기록합니다. 흥미로운 점은, 누가복음은 이 것을 생략했으나 사도행전에 이와 비슷한 다른 전승이 담겨 있다는 것입니다.* 여기에서 '사흘만에 짓는다'는 신학적으로 추가된 내용으로 보이지만, 타락한 성전이 무너져야 한다는 말은 적어도 실제 예수의 말일 것입니다.

적어도 예수는 부패하고 타락하고 오만할 뿐 아니라, 무엇보다 아무것도 제대로 아는 게 없는 듯해 보이는 서기관들을 보고 분노했습니다. 이뿐만 아니라 가난한 과부 등을 부당하게 착취하며 유지되는 성전을 두고 예수는 공개적으로 사람들에게 이야기했을 것입니다. 이런 성전은 무너져야 하며, 이 성전이 무너지지 않으면 자신이 철저히 무너뜨리겠노라고.

---

* "나사렛 예수가 이 곳을 헐고 또 모세가 우리에게 전하여 준 규례를 고치겠다 함을 우리가 들었노라"(사도행전 6:14)

자메 티소, 〈유다의 입맞춤〉(1886-1894)

예수는 유다의 배신을 알지 못했을 것입니다.

아니, 예수는 그 누구도 자신을 배신할 것이라

예상하지 못했을 것입니다.

36장

예수가 체포된 밤

마가 14:1-26, 32-50; 마태 26:1-30, 36-56;
누가 22:1-23, 39-53; 요한 11:45-53, 12:1-8, 13:21-30, 18:2-12

예수와 제자들은 예루살렘에서 조금 떨어진 베다니라는 마을에 머물렀습니다(마가 14:3). 마가복음은 그들이 머무른 곳이 '한센병 환자' 시몬의 집이라고 전합니다. 예수와 그 무리들은 한센병 환자를 부정하다고 멀리하지 않았기 때문에, 그리고 숙박을 할 돈이 없었을 것이므로 그들이 여기에 머물렀을 것이라고 보는 것은 자연스럽습니다.

최후의 만찬

그러다 유월절 음식을 먹는 밤이 되었습니다. 한밤중에

예루살렘 성에서 만찬을 즐길 숙소를 구하기란 하늘의 별 따기와 같았을 것입니다. 특히 예루살렘은 다른 유대 지방보다 물가가 높았고 명절 때는 더 심하게 물가가 올랐습니다.* 마가복음에 의하면 예수의 제자들이 그중에서도 비싼 집, 곧 '큰 다락방'을 구했다고 하는데, 실제로 예수와 제자들에게 그럴 만한 돈은 없었을 것입니다.

예수와 제자들의 마지막 저녁 식사는 흔히 목요일(성금요일 전날)로 알려져 있지만, 그것이 실제로 언제인지 우리는 정확히 알 수 없습니다. 공관복음에 의하면, 유월절 식사를 하는 유월절 전야, 즉 니산월** 14일이 최후의 저녁 식사 날짜입니다. 이 날짜를 따르면 예수가 십자가에 못 박힌 것은 그달 15일입니다. 그러나 요한복음은 유월절 전야가 아니라 그보다 하루 전인 13일에 마지막 만찬이 있었다고 보며, '유월절 양 잡는 날'인 14일에 예수가 십자가에 못 박혔다고 전합니다. 공관복음이 맞다면 예수와 제자들은 유월절 식사를 한 것이고, 요한복음이 맞다면 예수와 제자들은 평범한 식사를 한 것입니다. 공관복음과

---

* 신약학자 요아킴 예레미아스는 『예수 시대의 예루살렘』에서 유월절 시기에 제물용 비둘기의 가격이 100배로 오른 경우도 있음을 전합니다.

** 유대인들의 달력으로 '니산월'은 현대의 달력(그레고리력)으로 3-4월에 해당합니다.

요한복음은 둘 다 어느 정도 신학적인 전제 위에서 이러한 날짜를 서술하기에, 우리는 실제 예수 생애의 마지막 날짜들을 정확히 알 수 없습니다.

적어도 분명한 것은 예수와 제자들은 돈이 많지 않았다는 점입니다. 유월절 전야의 예루살렘에서는 유월절 식사를 위해 수많은 양이 도축되었습니다. 하지만 예수와 제자들은 제물을 잡는 일을 하는 제사장들처럼 피비린내에 익숙하지도 않았고, 유월절 양을 살 돈도 없었을 것입니다. 그래서 식사 자리에는 겨우 구색을 맞추고 배를 채울 수 있을 정도의 초라한 빵과 포도주뿐이었습니다.

배신자 가룟 유다

복음서에 의하면 예수는 '축사'를 하고 식사를 하는 도중에, 의미심장한 말을 합니다.

> "너희 중에 하나가 나를 팔리라"(마가 14:18)

가룟 유다 이야기입니다. 그런데 가룟 유다가 왜 예수를 팔았으며, 도대체 어떻게 팔았는지는 난제입니다. 초기 기독교 공동체에서도 이 문제는 너무도 어려웠기에, 훗날 '유다복음'처럼 유다가 예수의 특별한 가르침을 받고서 어떤 사명을 위해 예수를 팔아넘겼음을 암시하는 문헌이 쓰일 정도였습니다. 그러나 유다복음에서도 예수를 팔아넘긴다는 것이 어떤 의미인지는 정확히 드러나지 않습니다.

아마도 예수는 예루살렘에 와서 상당히 흥분했을 것이고, 자의식이 고양되었을 것입니다. 성전과 서기관들을 비판하며 화를 내기도 했습니다. 예수는 예루살렘 사람들에게 자신이 헤롯에게 처형당한 세례 요한의 제자라는 것을 밝혔을 것입니다(마가 11:27-33; 마태 21:23-27; 누가 20:1-8 참고). 세례 요한은 원래 예루살렘에서 활동했기에 그곳 주민들뿐 아니라 순례를 오는 이들에게 이미 유명 인사였을 것입니다. 그런데 세례 요한이 처형된 뒤, 그의 제자를 자처하며 두려움 없이 예루살렘 성전과 서기관들을 비판하는 젊은 청년이 등장했으니, 분명히 몇몇 순간만큼은 주변의 환호를 받았을 것입니다. 게다가 베다니의 한센병 환자 시몬의 집에서 그의 아내인 듯한 한 여인이 예수에게 기름을 부어 발을 씻겨주었습니다(마가 14:3-9). 예수는 이때 '메시아', 즉 '기름 부음 받은 자'로서의 자의식을 고양시켰을 수도 있습니다.

이제 열두 제자 중 하나인 가룟 유다의 눈에 예수는 너무 과격한 자였습니다. 주변 제자들 역시 서로 다가올 세상에서 높은 지위를 차지할까 싸우는 자들이었습니다. 그에게 예수와 제자들은 세르반테스의 소설에 등장하는 돈키호테와 산초처럼 보였을 것입니다. 아마도 유다는, 예수와 함께 있다가 어떤 식으로든 유대 지도자들에 의해 치욕을 당하거나 자칫하다가는 로마 군인들에게 체포되어 처벌을 받을 수도 있겠다고 생각하고 있었을지 모르겠습니다.

심지어 예수가 자신을 '유대인의 왕'으로 자처하는 이야기를 식사 도중 했을지도 모릅니다. 예수는 예루살렘에서 며칠간 지내며 스스로를 '하나님의 아들', '메시아', '인자', '왕'으로 이야기했을 것이며, 이것이 제자들의 기억에 각인되었을 가능성이 있습니다(예수의 제자들이 높아진 예수 신앙을 갖게 될 수 있는 계기와 근원적 가르침은 아마도 이 순간이 가장 유력할 것입니다). 다만, 그것을 들은 유다는 더 이상 예수와 함께할 수 없으며, 이대로는 위험하다고 판단하여 마지막 만찬 도중 음식을 사러 나간다는 핑계로 슬그머니 유대 지도자들에게로 갔을지도 모릅니다(그러나 유다는 예수가 십자가 처형을 당하리라고까지는 생각하지 못했을 수 있습니다). 복음서는 예수가 이 모든 상황을 다 알고 있었다고 하나, 그것은 예언적·드라마적 연출입니다. 예수는 유다의 배신을 알지 못했을 것입니다. 아니, 예수는 그 누구도 자신을 배신할 것이라 예상하지 못했을 것입니다.

이 빵은 내 몸이다

다시 마지막 만찬 상황으로 돌아가봅시다. 예수는 식사 전에 감사의 기도를 하고 제자들에게 빵과 포도주를 직접 나누어주었습니다. 이때 복음서의 기록처럼 예수가 빵과 포도주를 두고 '나의 몸'과 '나의 피'라고 말했을 가능성은 매우 작습니다. 이는 유대인들의 전통을 따르던 예수에게서 도무지 나올 수 없는 말입니다. 예수는 스스로를 하나님의 아들이자 하나님의 사자로 생각했을지는 몰라도, 스스로를 희생양이라고는 생각하지 않았으며, 사람의 살과 피를 먹는다거나 신의 살과 피가 있어서 그것을 먹는다는 생각은 꿈에서조차 할 수 없었을 것입니다.

성찬식은 후대의 헬레니즘 기독교 공동체(바울)로부터 발전한 사상일 것입니다. 아마도 실제로는 누가복음의 독립된 식사 전승(누가 22:15-18)처럼, 예수는 제자들에게 '너희와 함께 유월절 식사를 해서 즐겁다' 정도의 이야기를 했거나, 돈이 없어서 이후로 한동안 포도주를 먹지 못할 테지만 '하나님 나라가 임하면 더욱 즐거운 잔치를 벌이자' 정도의 말을 했을 것입니다.

체포되다

그렇게 예수는 배부르게 빵을 먹고 거나하게 취할 정도로 포도주를 마시고, 한밤중에 제자들과 노래하며 산 속으로 들어갔습니다. 날이 춥지 않았고, 제자들과 노래하며 산에서 더 즐거운 시간을 보내려 했는지 모릅니다. 예수가 겟세마네 동산에서 홀로 기도하는 장면 역시 역사적으로 확증하기 힘듭니다(하지만 그 장면에 기록된 기도의 내용은 실제 예수가 기도할 때 말했을지도 모를 언어 습관을 반영하고 있을 것입니다).

그렇게 제자들 중 몇은 숲에서 잠들어버리고, 다른 몇은 예수와 이야기를 나누던 중, 그들은 음식을 사러 나갔다고 생각한 유다와 함께 "대제사장들과 서기관들과 장로들에게서 파송된 무리"가 무기를 들고 오는 것을 보았습니다. 군대까지 동원되었을 리는 없고, 그저 유다는 덩치 좋은 몇몇을 데리고 필요하면 약간의 무력을 사용해서 산헤드린의 '조사' 정도를 받게 하려고 했을 것입니다. 그들은 사람을 알아보기 힘든 어두운 밤에 누가 예수인지 알지 못했을 것이므로, 유다는 예수에게 입을 맞추어 그가 누구인지 알게 했습니다. 예수는 순식간에 체포되었습니다.

깜깜한 밤, 무슨 일이 일어났는지 제대로 파악하지 못

한 제자들은 아무런 저항도 하지 못한 채 그저 순식간에 닥친 상황을 피하려고 여기저기 흩어져 도망쳤을 것입니다. 혹시 칼을 들고 있던 제자가 있었을지도 모르지만(누가 22:35-38 참고), 칼이 있었다 할지라도 그도 칼을 이리저리 휘두르다 이내 도망치고 말았을 것입니다. 예수는 한밤중에 끌려가며 외쳤습니다.

> '저는 강도가 아닙니다!'(마가 14:48; 마태 26:55; 누가 22:52 참고)

호세 데 마드라소, 〈대제사장 안나스의 집에서의 예수〉(1803)

대제사장의 질문은 예수를 자극했습니다.

예수가 메시아 자의식을 고취시킨 것은 오래되지 않았으며,

감히 유대교의 지도자인 대제사장과 마주 서 있는 이 순간이

처음이자 마지막 기회라는 것을 깨달았을 것입니다.

37장

산헤드린 앞에 선 예수

마가 14:53-72; 마태 26:57-75; 누가 22:54-71; 요한 18:13-27

한밤중에 예수는 무장한 무리에게 이끌려 대제사장과 지도자들이 모인 '산헤드린' 앞에 섰을 것입니다. 사복음서는 모두 예외 없이 예수가 이 산헤드린의 재판을 받았다고 보고합니다. 이곳에서는 예수를 두고 고발, 증언, 심문, 판결이 이루어졌습니다. 예수에 대한 고발은 이미 유다를 통해 이루어졌고, 예수에 대한 증언들은 많았지만 그 핵심은 '성전을 헐고 사흘만에 짓는다'고 말했다는 것이었습니다.

마가복음은 그 증언이 '거짓말'이라고 하지만, 마태

복음은 이 부분을 다소 모호하게 바꾸었습니다. 누가복음은 이 내용을 재판 중에서 불필요하다 생각하여 삭제했습니다. 요한복음은 사복음서 중 유일하게 예수가 직접 사역 초기에 예루살렘을 두고 그런 말을 했다고 전합니다. 그러나 사복음서가 공통적으로 증언하는 재판의 핵심은 '심문'과 예수의 '자백'입니다.

산헤드린에서 심문을 받다

산헤드린의 의장인 대제사장이 예수에게 이렇게 물었습니다.

> "네가 찬송 받을 자의 아들 그리스도냐?"(마가 14:61)
>
> "네가 하나님의 아들 그리스도인지 우리에게 말하라"(마태 26:63)
>
> "네가 그리스도이거든 우리에게 말하라", "네가 하나님의 아들이냐"(누가 22:67, 70)

이에 대해 예수는 사실상 '그렇다'고 자백했습니다. 예수의 바로 그 대답 혹은 바로 그 자백을 들은 산헤드린 지도자들은 경악하며(마가복음과 마태복음에 의하면 대제사장은 스스로 옷을 찢을 정도로 충격을 받았습니다) 자신들이 취할 수 있는 조치(태형이나 추방 등)를 넘어선 처벌, 즉 사형을 내리기 위해 로마에서 파견된 유대 총독, 본디오 빌라도에게로 예수를 보내기로 작정합니다.

이 장면은 빌라도의 재판과 평행을 이루도록 마가복음 저자가 구색을 맞추어 구성한 내용일 것입니다. 예수가 당한 조롱과 폭력 장면은 이사야서의 '고난받은 종'(이사야 53장)에 대한 묘사를 분명히 반영하고 있습니다. 실제로 밤중에는 재판이 열리지 않았으며, 다음 날이 유월절이고 심지어 안식일과 겹친다면 산헤드린 재판은 열릴 수 없었습니다. 대제사장의 독단적 판결도 있을 수 없습니다. 예수는 잡혀간 뒤 곧바로 빌라도에게로 갈 수 없었을 것이고, 이날은 유월절을 준비하기 위한 중요한 날이었기에 대제사장을 중심으로 몇몇 사람만이 급하게 모였을 것입니다. 이는 산헤드린의 정식 재판이 아닌, 빨리 문제를 해결하기 위한 임시 소집으로 볼 수 있습니다.

엄중한 재판이나 제대로 된 심문은 없었습니다. 굳이 잘 알지도 못하는 이름 없는 시골 갈릴리 청년을 기어이 죽이고자 거짓 증인까지 등장시킬 이유는 없었습니다. 그러나 그 짧은 심문 도중, 예수는 대제사장이 옷을 찢을 정도로 분노할 만한 말과 태도를 보였을 것이 분명합니다.

베드로가 예수를 부인하다

이때 베드로가 예수를 부인한 이야기가 삽입되어 있는데, 이는 매우 의미심장합니다. 예루살렘의 초기 기독교 공동체의 기둥이자 몇 안 되는 실제 예수를 목격한 중요 인물 베드로의 치부를 굳이 드러낼 이유가 없기 때문입니다. 초기 기독교 공동체가 이것을 감출 수 없었던 이유는, 베드로가 바울처럼 과거 자신의 잘못을 회고하고 간증했기에 이 사건이 너무도 중요한 전승 중 하나가 되고 말았기 때문일 것입니다.

비록 세 번의 부인과 같은 드라마적 상황은 아니었을지라도, 베드로는 어떤 식으로든 예수가 빌라도에게로 끌려가는 것까지 목격한 유일한 제자일 것입니다. 아마도 베드로는 자신이 예수와 가장 가까운 제자였기에, 예수가 봉변을 당한 뒤 그를 부축하기 위해서라도 예수를 뒤따라갔을 것입니다. 베드로도 유다처럼 예수가 십자가에 처형당할 것을 예상했을 리 없습니다. 아마 매를 맞고 예루살렘에서 추방당하는 정도로만 예상했을 것입니다. 하지만 베드로는 예수가 산헤드린 앞에서 정식 재판이 아닌 그저 구타를 당하는 모습을 보고 겁에 질렸을 것입니다. 그러다 베드로는 예수가 빌라도에게로 끌려간다는 얘기, 즉 정치범으로서 처벌을 받을 것이라는 얘기를 엿들었을 수도 있고, 혹은 복음서의 묘사처럼 예수뿐 아니라 '갈릴리 출신들'("네 말소리가 너를 표명한다" 마태 26:73)을 죄다 잡아서 빌라도에게로 넘길 것만 같은 심각한 분위기를 알아차렸을 것입니다. 그래서 베드로는 예수를 저주하면서까지 자신이 예수의 제자임을 부인했습니다. 상황을 지켜보던 베드로는 결국 예수를 버리고 어디론가 도망쳤습니다.

예수의 '자백'

다시 산헤드린의 심문 장면으로 돌아가봅시다. 도대체 어째서 그런 결과가 벌어졌을까요? 산헤드린의 대제사장은 서기관들이 들려준 이야기와, 예루살렘에서 일어난 어수선한 소문들, 직접적으로 가룟 유다에게서 들은 이야기를 바탕으로 심문을 했습니다. 대제사장은 예수에게 가장 먼저 출신이 어디인지, 이름은 무엇인지 등 신원을 물었을 것입니다. 갑자기 한밤중에 예상치 못한 채로 사로잡혀 온 예수는 제대로 답하지 않았을 것입니다.(마가 14:61; 마태 26:63 참고), 대제사장은 어쩔 수 없이 일일이 스무고개를 하듯 물어야만 했고, 결국 이 질문이 나왔을 것입니다.

'네가 메시아라도 되느냐?'

예수는 하나님의 아들로서의 분명한 자의식을 가지고 있었습니다. 그 정체성이야말로 예수를 여기까지 이끈 동력이었습니다. 그런 상황에서 대제사장이 '메시아'에 관한 질문을 던진 것이었습니다. 예수는 최대한 침묵하려고 했습니다. 침묵은 이 상황을 모면할 수 있는 방법 중 그나마 예수가 선택할 수 있는 가장 나은 방식이었을 것입니다. '그렇다'는 대답이 없었다면, 그리고 예수가 순한 양처럼 고분고분 있었다면, 체포와 재판은 단순한 해프닝으로 끝났을지도 모릅니다. 하지만 이 질문은 예수를 자극했습니다. 예수가 메시아 자의식을 고취시킨 것은 오래되지 않았으며, 감히 유대교의 지도자인 대제사장과 마주서 있는 이 순간이 평생 찾아오지 않을, 아마도 처음이자 마지막으로 '아버지' 하나님이 주신 기회라는 것을 깨달았을 것입니다.

바로 그때, 예수는 자신의 정체성과 자신의 설교를 그 앞에서 울부짖듯 쏟아냈을 것입니다. 예수가 소심한 자처럼 울면서 살려달라고 빌었다면, 빌라도에게로 넘겨지지 않았을 것입니다. 그러나 오히려 산헤드린 모두를 당황시킬 정도로, 예수는 공격적으로 성전을 모독하고, 대제사장과 모든 유대교 지도자들을 모욕하고, 자신의 정체성을 밝히며 그들에 대한 종말론적 심판의 메시지를 토해내듯 말했을 것입니다.

> "내가 그니라 인자가 권능자의 우편에 앉은 것과 하늘 구름을
> 타고 오는 것을 너희가 보리라"(마가 14:62)

산헤드린은 분노하여 예수를 욕하며 구타했고, 절차
와 명분, 당위를 깡그리 무시한 채, 성전과 자신들을 모욕
했다는 이유로 죽여버리려고 했습니다.* 그러나 그들은
논란과 소동 없이 유월절을 지키길 바랐기에, "새벽에 모
든 대제사장과 백성의 장로들이 예수를 죽이려고 함께 의
논"(마태 27:1)한 뒤, 예수를 총독 빌라도에게 넘기기로 결
정했습니다.

---

*   요세푸스에 의하면, 산헤드린은 성전을 모독하던 예수 벤 아나니아스라
      는 인물도 사형에 처해달라고 총독에게 부탁했습니다. 물론 당시 총독 알
      비누스는 그를 단순히 광인이라 여겨 그를 추방하는 데 그쳤습니다.

안토니오 시세리, 〈이 사람을 보라〉(1860-1880)

밤새 혹독한 심문과 구타를 당한 예수는

빌라도에게 정식 재판을 받지도,

아니 제대로 말도 한번 해보지 못한 채

십자가 처형, 즉 사형을 언도받았습니다.

38장

빌라도 앞에 선 예수

마가 15:1-15; 마태 27:1-2, 11-26;
누가 23:1-5, 13-43; 요한 18:28-19:16

폰티우스 필라투스, 일명 '본디오 빌라도'는 기원후 26년
부터 36년까지 10년간 로마에서 파견되어 유대 지역을
다스리는 총독으로 있었습니다. 유월절에 사람이 많이 모
이는 것을 우려한 빌라도는 군사들을 이끌고 평소에 거하
던 가이사랴를 떠나 유월절 기간 동안 예루살렘에 머무르
고 있었습니다.

총독 빌라도에게 심문을 받다

한밤중 심문을 마친 산헤드린은 아침이 되자 예수를 빌라

도에게로 끌고 갔습니다. 빌라도는 예수를 심문했습니다.

> "네가 유대인의 왕이냐" (마가 15:2)

복음서는 예수가 이 질문에 모호한 답을 했다고 보고 합니다.

> "당신이 말하고 있습니다" (직역. 그리스어로는 '수 레게이스')

이 답변이 실제로 어떤 뉘앙스를 가지고 있었는지는 알기 어렵습니다. 실제 예수는 아람어 외에 다른 언어를 구사할 수 없었을 것이지만, 복음서는 그리스어로 기록되었기 때문입니다. 우리는 실제 예수가 무엇이라고 답변했는지 알 수 없습니다. 산헤드린에서 심문당할 때와 달리, 총독 빌라도 앞에서 예수는 대체로 침묵했습니다. 만약 로마의 재판 중에 예수가 빌라도의 질문에 긍정하는 자백을 했다면, 빌라도가 '무죄'를 선고하는 장면은 부자연스럽습니다.

바라바를 풀어주다

다시 복음서 이야기로 돌아가면, 마가복음은 일종의 '유월절 특사'에 대해 전합니다. 빌라도는 이미 잡혀온 죄수 '바라바 예수'를 데리고 있었습니다. 빌라도는 둘 중 누구를 풀어줄지 유대 사람들에게 묻습니다. 예수를 끌고 온 산헤드린 사람들은 바라바를 풀어주라고 말합니다. 빌라도는 그러면 예수는 어떻게 처벌해주기를 원하는지 묻습니다. 그러자 산헤드린은 예수를 십자가에 처형하라고 외쳤습니다. 빌라도는 처음에는 머뭇거렸지만, 결국 예수가 십자가 처형을 당하도록 군인들에게 넘겨주었습니다.

실제 재판의 재구성

빌라도의 재판 역시 역사적으로 신뢰할 수 없기는 마찬가지입니다. 베드로를 포함하여 모든 제자가 도망쳤으므로, 예수의 재판에 관하여 그 어떤 전승도 있을 수 없습니다. 빌라도가 예수를 정식으로 심문했을 확률은 거의 없습니다. 바라바를 놓아준 '유월절 특사'와 같은 전례도 로마에는 없었습니다. 총독으로서 로마에 저항하는 유대인들을 잘 다스려야 할 빌라도가 굳이 산헤드린과 충돌을 일으키면서까지 알지도 못하는 유대인 청년을 위해 애를 썼을 확률도 낮습니다. 실제로 복음서의 빌라도 재판 장면은 모두 정식 로마 재판과는 거리가 멉니다.

아마도 실제로는 이런 일들이 있었을 것입니다. 빌라

도는 산헤드린이 끌고 온 예수를 따로 심문하거나 재판하지 않고, 그저 아침 일과 중 하나로 다른 죄수들과 함께 십자가 처형을 받도록 예수를 언도했습니다. 이때 빌라도는 예수가 스스로 유대인의 왕이라고 주장했다는 죄목을 산헤드린으로부터 넘겨받았습니다. 빌라도는 끌려온 예수를 지나가듯 보았을 것이고, 네가 유대인의 왕이냐고 그리스어로 물었습니다. 그러자 산헤드린의 의원 중 하나가 '네가 네 입으로 유대인의 메시아라 말하지 않았느냐?'라는 식으로 대답을 강요했습니다. 예수는 그렇다고 대답했을 것이고, 그 모습을 본 빌라도에게 정식 재판은 필요 없었을 것입니다.

빌라도는 유월절의 의미를 잘 알고 있었기에 굳이 문제를 키우고 싶지 않았을 것이고, 산헤드린이 아침부터 잡아 끌고 온 범죄자를 두고 실랑이를 벌일 필요가 없기도 했습니다. 빌라도는 기원후 26년 로마 황제의 승인을 받아 처음 총독으로 부임했을 때 황제의 형상이 그려진 깃발을 들고 예루살렘으로 입성했는데, 이에 저항하던 유대인들을 상대해야 했습니다. '갈릴리 사람들'이 어떤 명절에 이미 한 차례 소란을 일으킨 일을 경험하기도 했습니다(누가 13:1 참고).

밤새 혹독한 심문과 구타를 당한 예수는 빌라도에게

정식 재판을 받지도, 아니 제대로 말도 한번 해보지 못한 채 사형, 즉 십자가 처형을 언도받았습니다.

디에고 벨라스케스, 〈십자가에 달린 그리스도〉(1632)

십자가 처형은 맹수형과 같이 잔인한 구경거리였습니다.

당시 십자가형을 구경하러 모인 대다수 사람은

십자가를 끌고 가는 예수가 누구인지도 몰랐을 것입니다.

39장

십자가 처형

마가 15:16-41; 마태 27:27-61; 누가 23:26-56;
요한 19:2-3, 17-30, 38-42

역사 속의 십자가 처형

십자가 처형은 화형, 맹수형과 더불어 로마의 가장 잔인한 형벌 중 하나였습니다.[*] 극히 일부 사례를 제외하면 십자가형은 로마인에게는 시행되지 않았습니다. 노예나 국가 반역자, 이방인 중에서도 하층민들에게나 언도된 형벌이 바로 십자가형이었습니다. 그렇다고 하여 십자가형이 흔하지 않은 형벌은 아니었습니다. 종종 대규모의 십자가 처형이 있을 정도로, 십자가 처형은 잔인하면서도 당시의

---

[*]   마르틴 헹엘, 『십자가 처형』(감은사) 5장 참고.

사람들과 멀지 않은 일이었습니다.

예수의 십자가 처형이 어떤 것이었는지 이해를 돕기 위해 실제 역사 속 십자가 처형에 관한 예시 몇 가지를 들어보겠습니다.

기원전 73년경, '검투사 전쟁' 또는 '제3차 노예 전쟁'에서 노예 검투사 스파르타쿠스는 약 70명의 동료와 탈출하여 몇 년 동안 반란을 일으켰고 자신들을 잡으러 온 토벌군을 무찔렀습니다. 그러나 결국 로마의 군대 지휘자였던 크라수스에 의해 완전히 제압당했고, 그 진압 과정에서 살아남은 약 6천 명의 노예들은 아피아 가도(Via Appia) 길을 따라 박힌 수많은 십자가에 매달려 처형을 당했습니다.

요세푸스는 기원후 70년경 '제1차 유대-로마 전쟁'에서 로마의 티투스 장군이 예루살렘을 포위했을 때를 묘사합니다. 티투스의 병사들은 먹을 것을 구하기 위해 성을 탈출하려던 유대인들을 붙잡아 매질하고 고문한 뒤, 그들을 예루살렘 성벽 주위에서 십자가에 못 박았습니다. 요세푸스에 의하면 많을 때는 하루에 500명씩 십자가형을 당했으며, "생포된 유대인이 너무 많았기에 십자가도, 십자가를 박을 땅도 모자랐다"라고까지 전해집니다.

그 외에도 유대 독립 혁명으로 세워진 하스몬 왕조의

알렉산더 얀네우스는 기원전 1세기경 독재 정치를 펼쳤고, 그로 인해 유대 지역은 내전에 휩싸였습니다. 그 와중에 얀네우스는 자기 마음에 들지 않는 바리새파 사람 800명을 예루살렘으로 끌고 가 십자가에 처형한 적도 있습니다. 또한 기원전 4년 시리아 총독이었던 바루스는 반역을 일으킨 유대인 2천 명을 십자가에 못박았습니다.

복음서에 기록된 십자가 처형

사복음서는 이러한 십자가 처형을 예수가 당했다고 이야기합니다. 그 과정은 다음과 같습니다. 먼저 군인들이 예수를 조롱했습니다. 산헤드린 의원들이 예수를 분노로 구타했다면, 군인들은 비웃음과 조롱으로 그를 괴롭혔을 것입니다. 이어서 병사들은 십자가형을 집행하기 위해 예수를 끌고 나갔습니다. 아마도 십자가를 이루는 두 목재 중세로 기둥은 이미 처형 장소에 준비되어 있었을 것이고, 처형지까지 들고 가게 한 것은 가로 들보였을 것입니다.

공관복음에 따르면, 예수가 제대로 십자가를 끌고 가지 못하자 로마 군인들이 알렉산더와 루포의 아버지 구레네(키레네) 사람 시몬으로 하여금 예수 대신 '골고다'(해골처럼 생긴 언덕)라는 곳까지 십자가를 들고 가게 했다고 전합니다(요한복음은 이 장면을 삭제했습니다). 그리고 예수는 최소 다른 두 명의 죄수와 함께 오전 9시에 십자가에 못 박힙니다. 예수는 6시간 동안 십자가에 매달려 있습니다. 그 과정 중에 몇몇 사람이 예수를 조롱했고, 예수는 십자가 위에서 몇 마디를 말을 남깁니다. 십자가 위에서 남긴 일곱 말씀이라는 뜻에서 이를 소위 '가상칠언'(架上七言)이라고 부릅니다.

- 마가복음, 마태복음: "엘리 엘리(엘로이 엘로이) 라마 사박다니"('나의 하나님 나의 하나님 어찌하여 나를 버리시나이까')
- 누가복음: "아버지 저들을 사하여 주옵소서 자기들이 하는 것을 알지 못함이니이다", "내가 진실로 네게 이르노니 오늘 네가 나와 함께 낙원에 있으리라", "아버지 내 영혼을 아버지 손에 부탁하나이다"
- 요한복음: "보소서 아들이니이다, 보라 네 어머니라", "다 이루었다"

공관복음에 의하면 오후 3시쯤 갑자기 하늘이 어두워졌습니다. 예수는 소리를 지르며(요한복음에서 예수는 소리 지르지 않습니다) 숨졌습니다. 그 순간 성소 휘장이 찢어지고, 지진이 일어났습니다. 마태복음은 거기에 더하여 지진으로 동굴 무덤의 바위가 터지고, 수많은 성도가 무덤에서 되살아나 3일 뒤, 곧 예수의 부활 이후에 예루살렘 성에 들어갔다고 기록합니다.

실제 예수의 십자가 처형

십자가 처형은 고통뿐 아니라 '수치'를 주기 위한 처형이기도 했습니다. 따라서 예수는 나체로 십자가를 끌어야 했을 것입니다. 십자가를 대신 지고 간 구레네 시몬 이야기는 있을 수 없는 일입니다. 아무리 로마 군인들이라고 해도 십자가 처형 과정에서 무고한 사람에게 강제로 십자가를 지게 할 수는 없었습니다. 게다가 이 장면에 등장하는 인물들의 출신과 이름에는 다분히 신학적 의도가 담겨 있습니다('시몬', '알렉산더', '루포'는 각각 유대식, 그리스식, 로마식 이름입니다). 다만 처형을 빠르게 끝내기 위해 무고한 시민이 아닌 로마 군인(들)이 십자가를 끌고 가는 것을 거들었을 수는 있습니다. 그들은 필요에 따라 예수에게 진통제 역할을 할 포도주를 먹였을 것입니다.

십자가 처형은 맹수형과 같이 잔인한 구경거리였습니다. 당시 십자가형을 구경하러 모인 대다수 사람은 십자가를 끌고 가는 예수가 누구인지도 몰랐을 것입니다. 예수가 누군지 아는 제자들은 이미 도망쳐서 그곳에 없었습니다. 예수를 빌라도에게 넘긴 제사장과 서기관들도 그

곳에 없었을 것입니다. 그들은 유월절 준비로 바빴고, 무엇보다 부정하고 더러운 십자가 처형을 유대교의 지도자들이 구경할 리가 없었습니다. 예수는 예루살렘에 올라온 지 고작 며칠밖에 되지 않았을 뿐 아니라, 유월절 기간이었던 당시의 예루살렘에는 사람이 너무도 많았습니다. 구경꾼들은 예수를 그저 흉악한 범죄자 중 하나로 생각했을 것입니다. 그래서 그들은 다른 범죄자들에게 한 것처럼 예수를 손가락질하고 조롱했을 것입니다.

골고다에 이르러 예수는 십자가에 못 박혔습니다. 예수는 비명을 질렀을 것입니다. 그리고 숨을 쉴 때마다 괴로워하며 신음했을 것입니다. 하지만 예수가 십자가에서 죽어가는 그 순간, 그의 곁에는 그의 비명과 신음을 들어 줄 이가 아무도 없었습니다. 우리는 그가 죽어가며 무슨 말을 했는지 알 수 없습니다. 다만 곧이어 역사적으로 가장 확실한 사실이 일어났습니다.

"예수께서 … 숨지시니라"(마가 15:37)

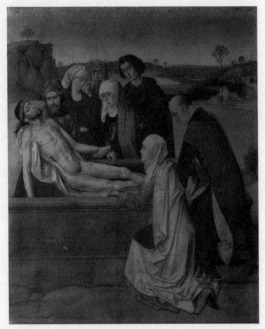

디릭 부츠, 〈매장〉(1450년경)

예수의 시신은 십자가에서 처형당한 다른 시체와 함께

이미 시체가 가득한 공동 매장지의 구덩이에 던져졌을 것입니다.

예수의 시신이 사라졌다는 것을 확인할 수 있는 '빈 무덤'은

처음부터 없었을 것입니다.

40장

매장

마가 15:42-47; 마태 27:57-61; 누가 23:50-56; 요한 19:38-42

사도행전 13:27-29; 고린도전서 15:4

예수의 장례식이 있었는가

사복음서는 산헤드린의 의원 중 하나인 아리마대 출신 요섭이 예수의 시신을 가져다 장례식을 치러주었다고 말합니다. 요한복음에 의하면 그 장례식의 규모는 왕의 장례식 수준으로 진행됩니다. 마태복음과 누가복음은 그 정도는 아니지만, 예수의 제자였던 아리마대 요셉이 '새 무덤'에 예수의 시체를 두었다고 전합니다.* 하지만 가장 이른

---

* 당시에는 일반적으로 한 무덤을 가족이 대대로 사용했습니다. 만일 아리마대 요셉이 실존 인물이라면 그는 상류층이었을 것인데, 그처럼 부자나

시기의 복음서인 마가복음에는 아리마대 요셉이 예수의 제자라는 언급도 없고, 심지어 '새 무덤' 이야기조차 없습니다. 마가복음은 이렇게 묘사합니다.

> "요셉이 세마포를 사서 예수를 내려다가 그것으로 싸서 바위 속에 판 무덤에 넣어 두고 돌을 굴려 무덤 문에 놓으매"(마가 15:46)

하지만 당시 십자가 처형을 당한 시신은 십자가에 매달린 채로 두거나 맨땅에 내려둔 뒤 흙을 약간 덮는 정도로 처리되는 것이 일반적이었습니다. 그렇게 함으로써 그 시신이 짐승의 먹이가 되게 하는 것입니다. 십자가형은 그만큼 잔인한 형벌이었습니다. 비록 극히 예외적으로 시신을 처리한 경우가 있긴 했지만, 십자가 처형을 당한 자가 유력한 귀족 가문에 속한 경우일 때나 가능한 이야기였습니다.

그러나 기독교의 가장 이른 전승인 고린도전서는 "장사 지낸 바 되셨다"(15:4)라며 예수에 대한 장례식이 있었다고 분명히 언급합니다. 여기에는 아리마대 요셉도 없고 별다른 수식어가 없습니다(후대로 갈수록 전승에 구체적 정

귀족, 왕 등은 자신을 위한 '새 무덤'을 마련하기도 했습니다.

황이 생겨나고 이름이 알려지지 않은 인물에게 이름이 붙는 경향이 있습니다). 그럼에도 이 구절은 이미 초기 기독교 공동체에 의해 정형화된 문구입니다.

예수의 시신 처리

흥미롭게도 사도행전 13장에는 전혀 다른 유형의 전승이 제공됩니다.

> "예루살렘에 사는 자들과 그들 관리들이 … 나무에서 내려다가 무덤에 두었으나"(사도행전 13:27, 29)

예수는 높은 확률로 다른 범죄자들과 함께 십자가에서 그대로 짐승의 먹이가 되었을 것입니다. 그러나 산헤드린 의원들은 십자가에서 처형된 시신들이 유월절 기간에 예루살렘 근처에 있는 것 자체를 불편하게 여겼을지도 모릅니다. 그들은 예수에 대한 호의 때문이 아니라, 유월절을 신경 썼기 때문에 십자가에 달린 시신을 처리하게 해 달라고 빌라도에게 부탁했을 것입니다. 이 가설은 충분히 개연성이 있습니다.

유대의 장례 풍습에 의하면 사망 직후 바위 무덤에 시신을 안치했고(1차 장례), 1년 뒤 납골당에 뼈를 다시 안치

했습니다(2차 장례). 유대교의 옛 문헌인 미쉬나 산헤드린 6.5는 십자가 처형에 대한 또 다른 유대 규례들에 대하여 들려줍니다. 나무에 매달린 자는 하나님의 저주를 받은 자이며, 살해된 당일에 묻혀야 합니다(신명기 21:23 참고). 게다가 참수형, 화형, 투석형 등에 해당하는 극악한 범죄자는 별도의 공동 매장지에 던져집니다. 십자가 처형은 더욱 그러한 규정을 따라야 했을 것입니다.

산헤드린 의원으로 설정된 아리마대 요셉과 같은 중산층이나 귀족은 무덤을 소유할 수 있었지만, 보통 사람들은 그러지 못했습니다. 일반적으로 십자가에 못 박힌 자도 매장될 수 있었다는 실제 증거가 바로 십자가에 못 박힌 시체입니다. 고고학자들에 의해 예루살렘 북동쪽에서 '못이 박힌 시체'(그의 이름은 '여호하난'입니다)가 발견되었지만 그 시체는 2차 장례의 무덤, 곧 납골당에서 발견된 것입니다. 게다가 마가복음조차도 예수가 '조상의 무덤' 혹은 '가족 무덤'에 묻히지 않았다는 것을 분명히 밝힙니다(마가 15:46 참고). 산헤드린의 일원이 전날 산헤드린에서 결정한 내용을 무시한 채 자기 소유의 무덤에 시신을 두었을 리는 없습니다.

수치스러운 죽음

예수는 가난한 갈릴리 출신이며, 그의 가족도 친구도 그의 곁에 없었습니다. 2세기경의 비정경 기독교 문서 '야고보의 묵시록'에 의하면 예수가 '수치스럽게' 혹은 '모래에' 묻혔다는 내용이 있습니다. 마가복음에는 초기 기독교가 만들어낸 예수의 죽음에 대한 비유로서 '포도원 밖에 던졌다'는 표현을 담고 있습니다(마가 12:8).

예수는 죽은 뒤까지도 끝까지 수치를 당했습니다. 예수의 시신은 십자가에서 처형당한 다른 시체들과 함께 소위 유대인들(즉 예수의 원수들)에 의해 이미 시체가 가득한 공동 매장지의 구덩이에 던져졌을 것입니다. 예수의 시신이 사라졌다는 것을 확인할 수 있는 '빈 무덤'은 처음부터 없었을 것입니다. 구덩이 위는 대충 자갈이나 흙으로 덮였을 것입니다. 이 매장은 날이 더 어두워지기 전, 즉 저녁이 되어 안식일이 시작되기 전에 빠르게 이루어졌을 것입니다.

이는 공개적으로 이루어졌겠지만 제자들은 이미 예루살렘에서 도망친 뒤였기에, 아무도 이를 목격하지 못했을 것입니다. 십자가 곁에 남아 있었다고 전해지는 여자 제자들도 곁에 없었을 것입니다. 예수를 따르던 사람 중에서는 예루살렘에 굳이 더 머무를 정도로 용기 있는 자도, 그만큼 돈이 많은 자도 없었습니다. 시신을 보고 그가 예수라는 것을 확인할 수 있는 유일한 방법은 시신의 겉모습이었습니다. 하지만 시간이 조금만 지나도 시체는 부패하기 시작했을 것이고, 며칠이 지나면 누가 누구인지 알아볼 수 없었습니다. 제자들은 예수가 어디에 묻혔는지 알 수 없었고, 혹 수소문을 통해 장소를 알아내어 뒤늦게 다시 찾아간다 한들 예수를 찾을 수 없었을 것입니다. 그렇게 예수의 몸은 지상에서 사라졌습니다.

부활 신앙

미하일 네스테로프, 〈빈 무덤〉(1889)

사복음서는 막달라 마리아에 대해 서로 다르게 진술하지만

유일하게 통일된 내용이 있는데

그것은 막달라 마리아가

예수 부활의 최초의 증인이라는 것입니다.

주의 연인 마리아의 부활 신앙

마가 16:1-11; 마태 28:1-10; 누가 24:1-12; 요한 20:1-18

빈 무덤을 발견하다

사복음서는 예외 없이 예수의 무덤이 빈 것을 가장 먼저 발견한 사람들, 부활한 예수를 가장 먼저 만난 이들은 바로 여자들이라고 전합니다. 그리고 그 여자들 중 언제나 가장 먼저 언급되는 인물이 '막달라* 마리아'입니다(요한복음은 빈 무덤의 목격자로 오로지 막달라 마리아만을 언급합니

---

* '막달라'는 '믹달'이라는 갈릴리의 한 마을과 같은 이름입니다. '마가단' 혹은 '달마누다'라고 불리기도 했는데, 예수는 이 지역에서도 활동했을 것입니다.

다). 복음서는 여자들이 멀찍이 떨어져 예수가 십자가에 못 박히는 장면과 매장되는 장면을 보았다고 말합니다. 그녀들은 안식일이 끝나자마자 당시의 일반적인 장례 풍습을 따라 시신에 향품을 바르기 위해 동굴 무덤으로 갔습니다. 하지만 바로 그 예수의 시신이 있어야 할 동굴 무덤 입구를 막은 바위가 굴려져 있음을 발견합니다. 그때 그녀들 앞에 천사가 나타나 예수가 살아났다고 이야기합니다. 천사는 그 소식을 갈릴리의 제자들에게 전하라고, 혹은 살아난 예수를 갈릴리에서 만나게 될 것이라고 전해줍니다.

원래 마가복음은 이 장면에서 끝이 납니다. 이후의 장면인 마가복음 16장 9절부터 20절까지는 후대에 추가된 부분입니다. 마가복음에는 그 외에도 여러 가지 결론이 첨가된 사본들이 있습니다. 16장 8절에서 끝나는 마가복음의 원래 마무리는 다소 열린 결말입니다.

> "여자들이 몹시 놀라 떨며 나와 무덤에서 도망하고 무서워하여 아무에게 아무 말도 하지 못하더라"(마가 16:8)

마태복음은 이와는 다소 다른 이야기를 들려줍니다. 여자들이 무덤에 도착하자 하늘에서 천사가 내려와 돌을 굴려내고 예수가 살아났다는 소식을 들려줍니다. 마태복음에서 여자들의 감정은 복합적입니다. '무서움과 큰 기쁨'(마태 28:8)이 뒤섞여 있었습니다. 그녀들은 예루살렘에서 갈릴리로 달려가던 중 부활한 예수를 직접 만납니다. 심지어 그녀들은 "그 발을 붙잡고" 경배했습니다. 누가복음에는 여자들과 예수가 직접적으로 조우하는 장면이 없습니다. 요한복음에서는 이야기가 다소 복잡해집니다. 무덤에 홀로 찾아간 막달라 마리아가 무덤이 빈 것을 보고 베드로 등 제자들에게 이야기를 전합니다. 베드로와 다른 한 제자가 빈 무덤을 함께 확인합니다. 하지만 그들은 '집으로,' 즉 갈릴리로 돌아가버립니다. 마리아는 여전히 그 무덤에 남아 울고 있는데, 이때 그녀에게 부활한 예수가 나타납니다. 그리고 그녀는 다시 제자들에게로 가서 이렇게 이야기합니다.

"내가 주를 보았다!"

마리아의 부활 증언

제가 지금까지 설명한 내용은 사복음서를 편리하게 조화시킨 것입니다. 복음서는 여인들과 부활한 예수의 만남 이야기를 저마다 다르게 전하고 있으며, 이는 서로 조화

되기 어렵습니다. 게다가 이 이야기들은 실제 사건을 단순히 각색한 것 이상입니다. 서로 다른 전승 혹은 가르침에 근거하여 만들어진 이야기이기 때문입니다. 그 전승과 가르침은 여성 중심 기독교 운동에서 나왔을 것입니다.

그 증거는 바울에게서 발견됩니다. 초기 기독교의 부활 현현 공식*은 바울의 편지인 고린도전서 15장에 있습니다.

> "… 성경대로 사흘 만에 다시 살아나사 5 게바에게 보이시고 후에 열두 제자에게와 6 그 후에 오백여 형제에게 일시에 보이셨나니 그 중에 지금까지 대다수는 살아 있고 어떤 사람은 잠들었으며 7 그 후에 야고보에게 보이셨으며 그 후에 모든 사도에게와 8 맨 나중에 만삭되지 못하여 난 자 같은 내게도 보이셨느니라"(고린도전서 15:4-8)

하지만 이 목록에는 여자들이 나오지 않고, 빈 무덤 이야기도 나오지 않습니다. 예수가 체포되고 십자가 처형이 집행될 때 여자들은 제자들과 함께 도망쳤습니다. 이들은 각자 자기 고향으로 돌아갔을 것입니다. 막달라 마

---

* '공식'은 세례 받을 때 고백하거나 교회 교육 시에 암기해야 했던 정형화된 문구를 말합니다.

리아도 예외는 아닙니다. 사복음서는 막달라 마리아에 대해 서로 다르게 진술하지만 유일하게 통일된 내용이 있는데, 그것은 막달라 마리아가 예수 부활의 최초의 증인이라는 것입니다.

흥미롭게도 도마복음이나 마리아복음과 같은 위경 복음서를 통해 알 수 있듯이(마리아복음은 마리아를 주인공으로 내세우고, 도마복음은 여자 마리아에 대한 예수의 편애와 그로 인한 남자 베드로의 불편한 심기를 보여줍니다) 여성인 막달라 마리아는 남성 사도들을 제치고 최고의 사도의 지위에 올랐습니다. 다시 말해 베드로와 경쟁 관계에 있었던 것입니다. 아마도 그 이유는 '부활의 첫 증인,' 즉 '살아난 예수를 만난 사람'이라는 타이틀을 가졌기 때문일 것입니다. 앞의 구절에서 확인할 수 있듯 바울은 고린도전서에서 부활의 증인을 나열할 때 막달라 마리아의 이름을 삭제했는데, 아마도 베드로와의 관계를 의식했기 때문일 것입니다. 하지만 복음서는 베드로가 사망한 이후에 쓰였을 것이고, 어느 정도 소문과 전승에 근거하여 초기 기독교(혹은 최초의 부활 신앙) 발생을 설명함에 있어서 막달라 마리아를 언급하는 내용을 담을 수 있었습니다.

복음서는 부활한 예수가 '갈릴리'에서 나타났다는 내용과 '예루살렘'에서 나타났다는 두 가지 내용을 전하고 있습니다. 둘 중에서 어느 것이 다른 하나의 발생을 잘 설명하느냐를 따져보고, 복음서들의 기록 순서를 고려하고, 무엇보다 역사적 개연성을 추론하면 '갈릴리 전승'이 원래의 전승에 더 가까울 것입니다. 즉 최초의 부활 신앙은 예수가 십자가 처형을 당한 예루살렘이 아니라, 갈릴리에서 일어났다고 볼 수 있습니다.

마리아는 부활한 예수를 어떻게 만났는가

빈 무덤이 애초에 없었고, 막달라 마리아가 빈 무덤과는 상관없이 예수를 만났다면 어떻게 그것이 가능했을까요? 우리는 여러 시나리오를 상상할 수 있지만, 가장 개연성 있는 것은 '환상'이나 '꿈'을 통해 계시를 보고 들었다는 것입니다. 고대 유대인들에게 꿈이나 환상으로 천사를 만난다는 것은 이상한 일이 아니었습니다. 요한복음보다 훨씬 날것에 가까운 마가복음의 가장 이른 전승은 막달라 마리아가 '천사'를 만났고 그 천사에게 예수가 살아났다는 말을 들었다고 전합니다. 마태복음의 내용처럼 천사를 만나고 예수도 만나는 것은 일종의 '중복'입니다. 마리아는 꿈에서 천사를 만나 계시를 들었을 것입니다(이 내용은 마태복음에서 '수태고지'로 승화됩니다. 또한 바울이 갈라디아서 1장 12절과 15-16절에 쓴 선언과도 비교될 수 있습니다). 마리아는 환상 속에서 천사가 계시해준 것을 같이 다니던 제자들에게 알렸으며, 이를 들은 여자들은 막달라 마리아의 말을 믿었으나(누가 24:10 참고) 남자들은 마리아를 무시했을 것입니다(누가 24:11 참고).

하지만 막달라 마리아는 자신이 이번에는 '예수를 보았다'고 이야기하기 시작했습니다. 여전히 남성 제자들은 그녀를 무시했지만, 베드로만큼은 그 이야기를 진지하게 들었습니다.

페테르 파울 루벤스, 〈베드로에게 주신 그리스도의 명령〉(1616년경)

베드로는 예수를 부인하고 도망쳐

갈릴리의 어부로 돌아갔을 것입니다.

하지만 막달라 마리아가 예수의 부활을 증언했을 때

그의 마음이 움직였을 것입니다.

주의 제자 베드로의 부활 신앙

고린도전서 15:5; 누가 24:34; 요한 21장

고린도전서 15장 3-8절은 바울이 우리에게 전해주는 가장 초기의 부활 신앙 공식입니다. 이 구절들은 신앙고백과 신앙전승으로 구성되어 있습니다.

신앙고백: "3 성경대로 그리스도께서 우리 죄를 위하여 죽으시고 4 장사 지낸 바 되셨다가 성경대로 사흘 만에 다시 살아나사"(고린도전서 15:3-4)

신앙전승: "5 게바에게 보이시고 후에 열두 제자에게와 6 그 후에 오백여 형제에게 일시에 보이셨나니 그 중에 지금까지 대

다수는 살아 있고 어떤 사람은 잠들었으며 7 그 후에 야고보에게 보이셨으며 그 후에 모든 사도에게와 8 맨 나중에 만삭되지 못하여 난 자 같은 내게도 보이셨느니라"(고린도전서 15:5-8)

부활 증언에 반응한 베드로

바울에 의하면 최초의 부활 신앙은 막달라 마리아가 아니라 시몬 베드로에게서 시작되었습니다. 하지만 공관복음에는 베드로에게 부활한 예수가 나타났다는 이야기는 한 토막도 없습니다. 공관복음서 중 비교적 후대에 쓰인 누가복음에 가서야 겨우 베드로의 부활 신앙과 관련될 수 있는 언급이 등장하는데, 그것은 베드로가 막달라 마리아의 이야기를 듣고 유일하게 반응한 남자라는 것입니다. 요한복음은 공관복음에 근거하여 이전에 없던 새로운 이야기를 만들어냈습니다(요한복음에는 베드로 공동체의 신앙과 마리아 공동체의 신앙을 독립적으로 존중하려는 노력과, 도마 이야기를 통해 믿음의 2세대를 향해 신앙을 변증하려는 의도가 보입니다.)

    비록 베드로에게 나타난 부활한 예수 이야기의 전승이 공관복음에는 없을지라도, 우리는 최소한의 역사적 사실을 추론할 수 있습니다. 베드로는 예수를 부인하고 도망쳐 예루살렘을 빠져나왔으며, 자신의 본래의 모습인 갈릴리의 어부로 돌아갔을 것입니다. 하지만 막달라 마리아가 자신을 포함한 제자들에게 와서, 자신이 천사의 계시를 들었고 예수를 보았으며 그 음성을 들었을 뿐 아니라 그가 '갈릴리에 계신다'는 이야기를 들려주었을 때(마가 16:7; 마태 28:7), 베드로의 마음이 움직였을 것입니다.

예루살렘의 예수 운동

아마도 베드로는 다른 사도들과 제자들을 데리고 다시 한 번 예루살렘에서 열리는 명절 축제에 참여하러 갔을 것입니다.* 사도행전 2장에 의하면 유대인들의 명절인 오순절 때 예수의 제자들이 예수의 부활을 선포했고, 베드로와 요한과 야고보 세 사람이 예루살렘을 중심으로 한 예수 운동의 지도자가 되었습니다.

　바울은 고린도전서에서 부활의 증인을 나열할 때 특별히 베드로를 구별하며, 베드로와 그리고 요한이 포함되어 있는 '열둘'**과 별도로 '야고보'를 언급합니다. 이 야

---

* 　유대인들은 1년에 세 번 예루살렘에서 열리는 유대 명절 축제에 의무적으로 참여해야 했습니다. 매우 가난하거나 병세가 위독하거나 장애가 있는 사람 등 어려운 사람들을 위한 예외나 관용은 있었으나 일반적으로는 꼭 참여해야 했습니다.

** 　이 '열둘'은 예수의 열두 제자를 가리키는 표현이 아닙니다. 가룟 유다는 여기에 속할 수 없기 때문입니다. 게다가 몇몇 우리말 성경과 달리 고린

고보는 분명 예수의 제자 야고보가 아니라 예수의 동생 야고보입니다(갈라디아서 1:19 참고). 예수의 첫 제자 네 사람 중 하나였던 안드레는 예수 생전에 이너 서클에서 떨어져나간 것으로 보이며(이 책 16장 참고), 이너 서클에 속했던 예수의 제자 야고보는 헤롯 아그립바에 의해 모종의 이유로 처형당했습니다(사도행전 12:2 참고). 본래 예수의 뒤를 이을 유일한 후계자는 베드로와 요한이었는데, 갑자기 여기에 예수의 형제 '야고보'가 나타나 예루살렘 예수 운동의 중심으로 서게 됩니다.

도전서 15장의 원문에는 '제자' 혹은 '사도'라는 단어가 없습니다. 여기서 '열둘'은 이스라엘의 새로운 열두 지파를 상징하는 제자 무리를 일컫는 관용어구입니다.

야고보를 그린 이콘(13세기경)

야고보를 포함한 예수의 가족은

예수가 어떻게 살다가 죽었는지 듣기 위해

예루살렘의 제자 공동체를 만나야 했을 것입니다.

주의 형제 야고보의 부활 신앙

고린도전서 15:7; 마가 6:3; 사도행전 1:14, 15:13;

갈라디아서 1:19, 2:9, 12

예수의 친동생 야고보

앞서 살펴본 바울의 신앙 전승(고린도전서 15장 참고)에
는 바울의 회심 이전에 '야고보'가 예루살렘 예수 운동에
'사도 무리'를 이끌고 참여했다는 내용이 등장합니다. 즉
'야고보'도 부활한 예수를 본 자였다는 것입니다.

마가복음에 등장하는 예수의 가족(이 책 2장 참고) 전
승이 순서대로라면 예수는 장남, '야고보'는 차남일 것
입니다. 사도행전을 보면 이 야고보뿐만 아니라 예수의
어머니와 나머지 동생들, 다시 말해 예수의 가족들이 함

께 이 예수 운동에 동참했다고 전하고 있습니다(사도행전 1:14).

그러나 사복음서 전체에 걸쳐서 분명하게 입증되는 바에 의하면(특히 요한 7:5 참고), 예수의 가족 중 누구도 예수의 활동을 지지한 적이 없습니다. 그런데 사도 바울이 회심하기도 전, 이미 예수의 가족은 예루살렘의 예수 운동에 동참했고, 야고보는 예루살렘 공동체의 수장이 되었을 뿐만 아니라 심지어 베드로보다 높은 지위를 갖고 있다는 것을 확인할 수 있습니다. 이는 사도행전 15장이 묘사하는 회의 장면과 갈라디아서 2장에서 바울이 야고보를 언급하는 방식을 보면 알 수 있습니다.

고린도전서 15장의 신앙 전승에 이름이 언급되는 인물들에 관해서는 저마다 예수의 부활과 관련된 이야기가 전해지고 있습니다. 마리아와 베드로는 복음서의 내러티브로, 바울은 자기의 고백으로 부활한 예수를 언급합니다. 반면 그런 이야기가 직접적으로나 간접적으로 전혀 없는 경우는 오직 야고보뿐입니다.* 야고보는 대체 어떻

---

* 외경 중, 〈히브리인의 복음〉이라는 제목으로 전해지는 단편에서는 야고보가 부활한 예수와 만났다는 이야기가 전해지지만, 이는 요한복음의 저작 시기와 동시대 혹은 그 이후인 2세기경의 작품으로 보이며, 야고보의 권위를 높이기 위한 방식으로 각색되어 있습니다. 〈히브리인의 복음〉 단편 7(히에로니무스의 *De viris illustribus*에서 재인용)의 내용은 다음과 같습

게 예수가 죽은 뒤 예루살렘 예수 운동의 핵심 인물이 되었을까요?

야고보와 글로바

우리는 한 가지 질문을 던짐으로써 야고보에 대한 의문을 풀어갈 수 있습니다. 그것은 '예수가 십자가 처형을 당할 때 예수의 가족들은 어디에 있었는가' 하는 것입니다. 예루살렘에 있었을까요? 아니면 갈릴리일까요? 당연히 예수의 가족들도 예루살렘에 명절을 지키러 갔을 것입니다. 그러나 그 어느 전승에서도 예루살렘에 간 예수가 자신의 가족과 재회했다는 이야기를 그 흔적조차 찾아볼 수 없습니다. 수많은 인파 속에서 마주치지 못했을 수도 있고, 혹은 마주했어도 일부러 모른 척했을 수도 있겠지만 말입니다. 더 나아가 예수가 십자가 처형을 당할 때 그의 가족이 현장에 있었다는 진술은 적어도 공관복음에는 없습니다.

　　그러나 흥미롭게도 누가복음은 하나의 독립된 사건을 전달합니다. 엠마오로 가는 두 제자가 부활한 예수를

니다. "주님이 세마포를 제사장의 사환에게 주신 후 야고보를 찾아가 그에게 나타나셨다. 야고보는 자신이 잠자는 자들로부터 주님이 부활하는 것을 볼 때까지 빵을 먹지 않을 것이라고 맹세했기 때문이었다. 그리고 얼마 지나지 않아 주님이 말씀하셨다. 식탁과 빵을 가져와라! … 내 동생아, 빵을 먹어라. 인자가 잠자는 자들 가운데서 살아났다."

만난 이야기입니다(누가 24:13-35).[*] 명절을 보내고 집으로 돌아가는 두 사람에게 부활한 예수가 나타나서 그들의 귀향길에 동행합니다. 그러나 그 둘은 그 예수를 알아보지 못하고 그저 나그네로만 알고 함께 길을 갑니다. 길을 걸으며 그 둘은, 예수라는 나사렛 출신 '예언자'가 있었는데, 그가 십자가 처형을 당했으며, '빈 무덤'과 '예수가 살아났다고 전하는 천사'를 보았다는 여자들의 이야기를 들었다는 내용을 예수에게 전해주었습니다. 그러자 예수는 그들에게 성경을 가르치고, 함께 머물 곳을 찾아 식사하고, '축사'한 뒤 '떡을 떼어' 나누어주었는데, 그 순간 그 둘의 '눈이 밝아지고' 예수는 사라졌습니다. 곧바로 그 둘은 예루살렘에 다시 돌아갔는데, 마침 베드로가 예수의 제자들을 모아 자신에게 나타난 예수의 이야기를 들려주고 있었습니다. 그 둘은 그 모임에 동참하여 "길에서 된 일과 예수께서 떡을 떼심으로 자기들에게 알려지신 것"을 말함으로써 이 이야기는 끝납니다.

이 이야기 자체는 부활절 이야기 전승을 토대로 하여 이미 기독교 공동체에서 이루어지던 성찬 경험을 반영한 드라마입니다. 중요한 것은 그 제자 둘 중 한 사람의 이름

---

[*] 후대에 덧붙여진 마가복음의 '긴 결론'에는 이 사건이 짧게 요약되어 있습니다(마가 16:12-13).

이 '글로바'라는 것입니다. 누가복음이 다소 후대에 쓰였다는 점을 고려하면 '글로바'라는 이름의 사람이 초기 기독교 예루살렘 공동체에서 중요한 인물이었음을 알 수 있습니다. 4세기경의 기독교 역사가 유세비우스는 사실상 최초의 기독교 역사가라고 할 수 있는 2세기경의 헤게시푸스를 인용하며, '글로바'가 '예수의 삼촌'의 이름이라고 기록하고 있습니다. 유세비우스는 글로바의 아들 시므온이 '야고보'의 뒤를 이어 예루살렘 공동체의 수장이 되었다고 전하며 그 이유가 '예수 집안 사람'이기 때문이라고 덧붙입니다(고대 사회에서는 공동체의 지배권이 이렇게 가족 세습의 형태로 계승되는 것이 자연스러운 일이었습니다).

예수의 가족들과 예루살렘 공동체의 만남

예수 사후 베드로는 열두 명을 독자적으로 세워 예루살렘에서 무리를 만들었습니다. 한편 아버지 요셉도 없고, 장남 예수도 죽은 상황에서 야고보는 가족의 가장 역할을 맡았을 것입니다. 야고보는 갈릴리에 머무르다 맏형의 죽음을 전해 들었거나 혹은 예루살렘에서 그가 죽었다는 소식을 들었을 것입니다. 어떤 식으로든 예수의 죽음은 예수의 가족에게 알려졌습니다. 고대 유대인들이 시신이 없을 때 어떻게 장례를 치렀는지는 정확히 알 수 없지만, 적어도 예수가 처형당한 곳인 예루살렘에서 애도의 기간(아마도 7일)을 가지고 상징적이고 형식적인 형태의 장례식을 치렀을 것입니다. 예수 생전에 야고보는 장남이자 가장 가까운 형제인 예수를 미친 사람 취급했습니다. 예수가 분명 나쁜 사람은 아니었는데, 집 나간 친형이 십자가에서 처형당했다는 소식은 예수의 가족, 특히 바로 손아래의 동생인 야고보를 매우 슬프게 했을 것입니다(예수와 야고보가 실제로 어느 정도의 관계였는지는 알 수 없지만, 예수는 어린 시절부터 가장 많은 시간을 야고보와 보냈을 것입니다).

야고보를 포함한 예수의 가족은 예수가 어떻게 살다가 죽었는지 듣기 위해 예루살렘의 제자 공동체를 만나야 했을 것입니다. 베드로와 그 무리는 예수의 가족에게 '예수가 부활했다' 혹은 '예수가 보였다'고 말했을 것입니다. 그러나 평범한 유대인들의 사고 방식을 가진 야고보는 예수가 부활했다는 급진적 주장을 곧이곧대로 듣지 않았을 것입니다. 그는 예루살렘 공동체의 수장이 된 이후에도 여전히 유대적 사고를 하던 사람이었습니다(갈라디아서 2장 참고).

그러나 야고보가 듣기에는 예수의 죽음이 '의인'의 죽음, 곧 예루살렘 지도자들에게 '순교'를 당한 것이라고 느껴졌을 것입니다. 당시 유대교의 한 분파였던 에세네파에는 부당한 로마의 압제 속에서도 당당하게 죽음을 맞이한 사람들, '육체를 고문하고 죽일지라도 영혼은 어찌할 수 없다'는 확신을 가진 채 살아가던 사람들이 있었습니다. 또한 요세푸스의 기록을 보면 바리새파 중에서 죽은 선한 자의 영혼이 '다른 육체'로 옮겨간다고 믿은 사람도 있었다고 전합니다. 또한 제1차 유대-로마 전쟁으로 인해 70년 예루살렘 성전이 무너진 직후에 쓰인 유대 문헌 중 '에스라 4서' 7장 78절은 '의인의 영혼이 죽임을 당하면 즉시 육체로부터 분리되어 그것을 주신 분, 곧 하나님에게로 되돌아가 그분의 영광에 경배할 것'이라고 전합니다. 그 뒤의 97절은 '최후의 심판에 따라 의인들이 별과 같이 빛나는 불멸을 얻게 될 것'이라고 기록합니다. 유대인인데다가 끝까지 유대적 성향을 지녔던 야고보가 이러한 입장을 가진 것은 전혀 이상한 일이 아닙니다. 야고보는 베드로와는 다르지만 비슷한 슬픈 감정으로 인해, '환상'보다는 '꿈'을 통해 친형 예수를 만났을지도 모릅니다. 꿈속에 나타난 형 예수는 동생 야고보에게 가정을 부탁한다고 하며 자신의 일을 맡겼을지도 모릅니다.

"야고보가 대답하여 이르되 형제들아 내 말을 들으라"(사도행전 15:13)

팔마 일 조반니, 〈성 바울의 회심〉(1590-1595)

바울은 예수 운동에 속한 자들에게서

자신이 겪는 몇 가지 괴로움을 극복할 수 있는

길을 보았을 것입니다.

주의 사도 바울의 부활 신앙

사도행전 9:1-7, 22:6-16, 26:12-18; 갈라디아서 1:16, 2:8-9;
고린도전서 9:1, 15:8; 고린도후서 11:32-33

바울의 빛 체험

바울은 유일하게 부활한 예수에 대한 자신의 체험을 들려
주는 1세기 기독교인입니다. 고린도전서 15장 8절에서
그는 자기가 부활한 예수를 직접 만난 최후의 사람이라고
주장합니다.

> "맨 나중에 … 내게도 보이셨느니라"(고린도전서 15:8)

그에 관한 이야기는 사도행전에 실려 있습니다. 바울이

부활한 예수를 만난 이야기는 세 번 반복되는데, 그중 가장 먼저 등장하는 내용은 사도행전 9장에 있습니다.

사도행전 9장에 의하면, 처음에 바울은 예수 운동에 대해 전해 듣고 분노했습니다. 바울은 예수 운동을 하는 사람들을 예루살렘으로 모조리 잡아와서 심판을 받게 하겠다고 결심했습니다. 바울은 몇몇 사람들과 함께 다마스커스의 기독교인들을 잡으러 내려가던 도중, 갑작스럽게 환하게 자신을 비추는 빛을 보고 엎드려졌고, 하늘에서 음성을 듣습니다.

"사울아 사울아 네가 어찌하여 나를 박해하느냐?"

"주여 누구시니이까?"

"나는 네가 박해하는 예수라"(사도행전 9:4-5)

그러나 사도행전은 이 빛과 음성은 오로지 바울에게만 나타났고, 주변 사람은 이를 보지도 듣지도 못했다고 묘사합니다. 사람들이 쓰러진 바울을 다마스커스의 직가라고 하는 곳에 잠시 쉬게 했을 때, 예수 운동의 멤버였던 아나니아라는 사람이 등장하여 바울을 돌보고 그에게 세례를 베풀었습니다. 그 뒤로 바울도 예수 운동에 동참하게 되었습니다.

하지만 이 모든 내용은 사도행전에만 나오는 것으로, 정작 사도 바울의 자서전적 고백에는 전혀 이런 내용들이 없습니다. 아마도 이 내용은 예루살렘과 다마스커스에 각각 다른 기독교 공동체가 존재한다는 것을 드러내기 위한 이야기일 것이며, 바울의 지위를 보다 높이기 위해 각색된 드라마라고 할 수 있습니다. 다마스커스는 시리아 남부의 대도시로, 그리스어가 자연스레 사용되는 곳, 이방인과 유대인이 함께 어울려 사는 곳이었습니다.

유대인 바울

바울은 자신이 한때 교회를 박해했다는 사실을 인정하고, 부활한 예수를 보았다고 증언합니다. 그 후에 그는 '아라비아'로 갔다가, 다시 '다마스커스'로 가서 3년을 보내고 예루살렘으로 올라갑니다. 바울은 그곳에서 예수 운동을 주도하는 베드로를 만나고자 했으나, 모종의 이유로 그러지 못하고 '주의 형제 야고보'만 만났습니다. 그 뒤로 14년이 지나 바울은 바나바와 디도와 함께 예루살렘으로 가서, 거기서 비로소 베드로, 요한, 주의 형제 야고보를 모두 만났고, 자신이 부활한 예수를 만났다는 것을 인정받았습니다.

바울의 자기 고백에 의하면 그는 '유대적인 모든 것'

(유다이스모스)에 대해 '열심'(젤롯)이 있는 사람이었습니다(갈라디아서 1:14). '유다이스모스'는 번역이 어려운 단어입니다. 유대 민족, 유대 문화, 유대교 등을 포괄하는 개념이기 때문입니다. 바울이 이에 '열심'이었다는 말은, 바울 자신이 그 옛날 헬레니즘 문화에 저항하던 마카비 혁명군처럼, 또 어떤 점에서는 구약성서의 비느하스와 엘리야처럼 유대적인 모든 것을 지키기 위해 폭력까지도 불사하여 이방 문화(특히 그리스 문화)에 반발했다는 것을 의미합니다. 그러한 열심이 있었기에 바울에게는 '율법으로 인한 스트레스' 또한 심했던 것 같습니다. 바울은 이 스트레스와 압박을 다음과 같이 표현했습니다.

> "오호라 나는 곤고한 사람이로다 이 사망의 몸에서 누가 나를 건져내랴"(로마서 7:24)

게다가 바울은 생전의 예수와 마찬가지로 자신의 순수한 열심으로 인해 부패한 유대교를 보고 좌절하고 있었습니다. 그러던 어느 날 그는 자신의 친척들을 통해 예수 운동에 대해 들었습니다(로마서 16:7 참고). 아마 처음에 바울은 친척들이 전해준 예수 운동 이야기를 듣고 그들을 터무니없는 신성모독 집단으로 생각하며 저주를 퍼부

었을 것입니다. 아마도 이것이 그가 말한 '박해'의 정체일
것입니다.

바울의 회심

하지만 결국 바울은 예수 운동에 속한 자들에게서 자신
이 겪는 몇 가지 괴로움을 극복할 수 있는 길을 보았을 것
입니다. 첫째, 아마 초기 기독교 공동체는 유대교보다 훨
씬 더 진정성 있는 윤리와 실천을 보여주었을 것입니다.
둘째, 바울은 예수 운동이 이방 종교나 단순히 그리스 문
화에 의해 변질된 이단이 아니라는 것을 확인했을 것입니
다. 바울은 '디아스포라 유대인'으로서 어떤 면에서는 헬
레니즘에 저항하고자 했지만 어떤 면에서는 헬레니즘을
수용하려 할 수밖에 없었을 것입니다. 어쩌면 그에게는
그리스 문화의 수용을 정당화해줄 신학이 필요했을 것이
고, 그는 그 일이 예수 운동으로 가능할 것이라고 생각했
을 수도 있습니다. 셋째, 바울은 예수 운동 안에서 율법으
로 인한 내적 괴로움을 해결할 수 있는 다른 신앙의 방식
을 발견했습니다(그러나 이것은 아직 바울에게 어디까지나 새
로운 종교가 아닌 유대교 내에서의 신앙이었을 것입니다).

바울은 열심 있는 디아스포라 유대인일 뿐 아니라 신
비주의자이기도 했습니다. 그는 스스로가 예언자적 사명

을 지닌 사람이라는 생각에 빠져 있었습니다(갈라디아서 1:15). 바울은 친척을 통해 예수에 대해 들은 뒤 몇 년 동안은 아라비아 지역과 특히 다마스커스에서 신앙생활을 했습니다. 그 동안 그는 다른 구약성서의 예언자들과 마찬가지로 환상을 보았을 것이며, 그때 다른 제자들에게 나타났다던 예수가 바울 자신에게도 '보였을' 것입니다.* 바울은 그러한 경험이 모든 사도의 공통 경험이었다고 주장했습니다. 예루살렘의 핵심 인물들은 그런 바울의 경험을 인정해주었습니다.

하지만 바울은 실제 예수를 만난 적이 없습니다. 실제로 예수가 부활하여 바울에게 나타났더라도, 바울은 그전에 예수를 전혀 만난 적이 없으므로 알아볼 수 없었을 것입니다. 흥미롭게도 사도행전은 바울이나 사람들이 예수의 모습을 본 것이 아니라 '빛'을 보았다고 묘사합니다(심지어 '음성'은 바울만 들을 수 있었다고 합니다). 이러한 연출은 바울이 고린도후서에 남긴 바울의 자서전적 고백에 근거할 것입니다. 결국 바울이 본 것은 예수라기보다는 '빛'이었습니다.

---

* 바울은 주로 예수를 '보았다'가 아닌 예수가 '보였다'고 표현하며 그리스어 동사 '오프테', 곧 '보다'를 뜻하는 단어 '호라오'의 수동태를 사용합니다.

"어두운 데에 빛이 비치라 말씀하셨던 그 하나님께서 예수 그
리스도의 얼굴에 있는 하나님의 영광을 아는 빛을 우리 마음
에 비추셨느니라"(고린도후서 4:6)

디아스포라 유대인이었던 바울은 그리스 문명이 익
숙하게 퍼져 있었던 다마스커스에서 기독교인들을 만나
처음에는 그들을 저주했을 것입니다. 그러다 서서히 그들
에게 마음을 열었고, 3년간 그들과 함께 신앙생활을 하면
서 세례를 받고 거의 매일 열린 성찬에도 당연히 참여했
습니다. 그리스적인 종교와 문화가 어느 정도 스며들어
있던 곳에서 세례나 성찬은 주변 종교의 분위기나 정서에
영향을 받을 수밖에 없었을 것이고, 그렇게 변화된 세례
와 성찬은 예수와의 신비로운 관계를 더욱 강하게 해주었
을 것입니다. 그러한 반복되는 종교 의식 속에서, 바울은
이미 십자가에서 처형당해 죽었으나 다른 사도에게 나타
난 바로 부활한 그 예수를 보았다고 확신했을 것입니다.

"내가 … 예수 우리 주를 보지 못하였느냐?"(고린도전서 9:1)

이 책을 쓰면서 기존의 역사적 예수 탐구서들을 많이 참
고했고, 각 단락을 해석하기 위해 주석과 논문도 살폈다.
직접 읽고 주로 참고한 몇 종의 도서를 소개하고자 한다.
번역된 책도 있지만 아직 되지 않은 책도 있다.

E. P. 샌더스	『예수와 유대교』
게르트 뤼데만	*«Die erste drei Jahre Christentum»*
	«Jesus nach 2000 Jahren»
	«The Resurrection Of Christ: A Historical Inquiry»
게르트 타이센 & 아네테 메르츠	『역사적 예수』
다비트 프리드리히 슈트라우스	*«Das Leben Jesu, kritisch bearbeitet»* I, II
레이몬드 E. 브라운	『메시아의 죽음』 I, II
로버트 펑크 외	*«The Five Gospels: What Did Jesus Really Say?»*
바트 어만	*«Jesus: Apocalyptic Prophet of the New Millennium»*
	«Jesus before the Gospels»
	«Did Jesus exist?»
알베르트 슈바이처	『예수의 생애 연구사』
요아킴 예레미아스	『예수의 비유』
	『예수 시대의 예루살렘』
제임스 타보르	『예수 왕조』
존 도미니크 크로산	『역사적 예수』
	『비유의 위력』

그 외에도 예수의 생애를 재구성한 여러 책들이 있다. 그중에서 우리말로 쓰이거나 번역된 것만 추렸다.

게르트 타이센	『갈릴래아 사람의 그림자』
게오르크 빌헬름 프리드리히 헤겔	
	「예수의 생애」(『청년 헤겔의 신학론집』에 수록)
김기흥	『역사적 예수』
송기득	『역사의 예수』
안병무	『갈릴래아의 예수』
야콥 판 브럭헌	『예수 그리스도의 지상생애』
에르네스트 르낭	『예수의 생애』
요아킴 그닐카	『나자렛 예수』
월터 윙크	『참사람』
정용석	『예수, 어느 갈릴리 랍비 이야기』
최재덕	『나사렛 예수』

일반적으로 슈바이처(Albert Schweitzer)의 『예수의 생애 연구사』는 역사적 예수 탐구의 타당성을 무너뜨린 책으로 여겨진다. 왜냐하면 슈바이처의 작업은 수많은 역사적 예수 탐구가 하나의 예수로 수렴된다기보다 오히려 서로 모순되는 다양한 예수상을 낳았다는 것을 보여주었다고 여겨져 왔기 때문이다. 슈바이처의 뒤를 이은 루돌프 불트만(Rudolf Bultmann) 등을 비롯한 양식비평가들은 복음서의 내용이 전부 교회의 투영에 불과하므로 역사적 예

수에 접근하는 것은 불가능하다고 주장하기도 했다. 그러나 두 학자를 뒤이은 에른스트 케제만(Ernst Käsemann)은, 서로 모순되는 다양한 예수상이 나온 것은 역사적 탐구의 기준과 기법이 학술적으로 공유되지 못했기 때문이라는 점을 지적하였고, 이 문제를 해결하여 역사적 예수 탐구에 더욱 도전하자고 촉구했다. 그 이후 이전에는 미처 파악하지 못했던 예수의 '유대성'을 강조하는 연구들이 등장하며 역사적 예수 탐구는 더욱 보강되어왔다.

이러한 역사적 예수 탐구가 이루어낸 가장 중요한 세 가지 성과를 꼽아보면 다음과 같다. 첫째, 사복음서와 도마복음에 나타난 예수의 어록들의 진정성의 정도를 추적한 예수 세미나(Jesus Seminar)의 *Five Gospels*, 둘째, 역사적 예수 탐구의 전문가들이 함께 모여 추진한, 예수 어록 Q 자료의 재구성 비평본인 *The Critical Edition of Q*(2000), 셋째, 역사적 예수 탐구의 전문가들이 매년 관련 연구를 펴내는 「역사적 예수 연구 저널」(*Journal for the Study of the Historical Jesus*)이다.

후원자 명단

유병덕/파퓰리	임상무	최민구	David
유병현	임찬민	최병인	es****
유주영	장한결	최수현	Esau Kang
윤정태	전성환/임은아	최은주	eunzo
윤주영	전정길	최준수	HsS
윤준식	전찬희	최한님	kkyeong
윤형배	전창민	쵸맨	lurulufa
으널	정광진	축복누림교회	MAC
이경호	정구영	쿡쿡	media65
이경희	정목	팔긴남	Nuga
이기적유전자	정유정	하늘이슬단비	Pieta
이기훈	정의석/riston	하은신	Rufino73
이대규	정해천	하정민	SH
이동호	정희용	하히후헤호	spikito
이상준	정희준/몽상가	한민지	YES
이성철	조도희	한요한	Алексей
이수영	조민경	한희우	
이숙경	조성민	함동인	
이슬기	조현성	향기	
이외솔	조현용	허름한조빅크	
이용진	종만	허진우	
이유건	주원온유아빠	현경철	
이은우	주정원	현주	
이재원	주하/하나님의자녀	혜봄	
이재혁	준	홍성우	
이정환	진군	화요일의키하	
이창기	진소은	황용섭	
이택주	진심을 그대에게	휴일	
이한길/꼬마철학자/교사이한길	진용화	히에로스가모스	
	차현정	APD	
이호영	채은	asvoria	
이화정	최기용	Camilo Torres	
이희도	최대명	CM Lee	
인디무드	최미정	daniel	

마리아의 아들
역사적 예수의 생애 재구성

초판 1쇄 펴낸날 2023년 6월 7일

지은이   진규선
펴낸이   이종은
펴낸곳   수와진
편집   정명진
디자인   정명진

출판등록   제2020-000244호
주소   서울특별시 강남구 광평로1길 21, 201호(일원동)
이메일   pfarrer.jin@gmail.com

ISBN   979-11-978309-4-5 03230